AF496824

JONATHAN LAMB

LA PREDICACIÓN BÍBLICA TRANSFORMADORA

La predicación bíblica transformadora
Jonathan Lamb

Original en inglés: *The Dynamics of Biblical Preaching*
Langham Publishing
PO Box 296, Carlisle, Cumbria CA3 9WZ, United Kingdom
www.langhampublishing.org
© 2016   Jonathan Lamb
© 2016   Langham Publishing

© 2019   Centro de Investigaciones y Publicaciones (CENIP) – Ediciones Puma

Hecho el Depósito Legal en la Biblioteca Nacional del Perú N° 2019-04982
ISBN N° 978-612-4252-29-7

Primera edición: abril 2019
Tiraje: 500 ejemplares
Categoría: Estudios bíblicos - Predicación

Editado por:
© 2019   Centro de Investigaciones y Publicaciones (CENIP) – Ediciones Puma
Av. 28 de Julio 314, Dpto. G, Jesús María, Lima - Perú
Apartado postal: 11-168, Lima - Perú
Telf.:   (511) 423–2772
E-mail: administración@edicionespuma.org
              ventas@edicionespuma.org
Web: www.edicionespuma.org
Ediciones Puma es un programa del Centro de Investigaciones y Publicaciones (CENIP)

Traducción: Sara A. Deik
Diseño de carátula: Eliezer Castillo
Revisión editorial y diagramación: Alejandro Pimentel

Esta traducción se publica en virtud de un acuerdo con Langham Publishing.

Salvo indicación especial, las citas bíblicas se han tomado de la Nueva Versión Internacional © 1999 por la Sociedad Bíblica Internacional.

Contenido

Parte III

La congregación y el propósito de la predicación

Prólogo a la edición en castellano

Este libro es un estudio bastante completo sobre la predicación. Hay que agradecer a Ediciones Puma que lo ponga ahora a disposición de los lectores en castellano. Jonathan Lamb es vastamente conocido como predicador en el mundo de habla inglesa, no sólo en su patria, el Reino Unido, sino también en Asia, África y Norteamérica. De hecho, ha dedicado esta obra a los lectores en el mundo de las mayorías, eso que en el pasado llamábamos Tercer Mundo, y si leemos con atención encontraremos varias referencias a lecciones sobre predicación que el autor ha ido aprendiendo en sus numerosos viajes.

En el mundo de habla inglesa el nombre Keswick evoca un lugar de reunión en Inglaterra donde se realizan encuentros anuales de predicación que luego se publican y que hoy son clásicos en la materia. Jonathan Lamb dirigió Keswick hasta el 2010. Por otra parte el famoso predicador John Stott, ampliamente conocido en el ámbito evangélico, creó la Fundación Langham con el objeto de promover y enriquecer la predicación evangélica de calidad teológica y homilética. Lamb ha trabajado luego en esa Fundación por sus reconocidos méritos.

Tuve el privilegio de conocer a Lamb cuando él era dirigente del movimiento estudiantil evangélico conocido como Inter Varsity Fellowship en Inglaterra. Guardo grata memoria de la calidad de sus intervenciones cuando estudiaba en Oxford. Tuvo luego responsabilidades pastorales y docentes en la Comunidad Internacional de Estudiantes Evangélicos, poniendo siempre énfasis en la buena predicación.

Lamb tiene lo que yo llamo «mentalidad homilética» que es una capacidad especial para leer la Biblia y visualizar de inmediato el bosquejo de una predicación o plática. Este libro con sus tres partes y sus once capítulos es una muestra de esa capacidad homilética. En la Introducción, Lamb ha incluido el texto de un pasaje clásico del libro de Nehemías (8.1-12) que le sirve como objeto de contemplación y luego de reflexión para ilustrar lo que la propia Biblia enseña acerca de la lectura del libro de Dios en el seno del pueblo de Dios.

Lamb une a su capacidad homilética una gran capacidad didáctica, y consigue trasmitirnos de manera convincente la importancia de prestar atención a toda la Biblia y no sólo a fragmentos de ella, nos ayuda a entender el uso de géneros literarios para penetrar mejor en el sentido del texto. En suma, al terminar una lectura atenta y estudio de esta obra los lectores habrán recibido valiosas lecciones de homilética, apreciarán más sus Biblias y estarán en condiciones de compartir la riqueza que han ido descubriendo. Felicitaciones y gracias a Ediciones Puma por haber publicado esta obra de Lamb.

Samuel Escobar
Valencia, abril de 2019

Prólogo

Una dimensión imprescindible, irreemplazable e innegociable de la vocación y acción pastoral es la predicación. Cuando la comunidad de discípulos se reúne para el culto común, además de cantar como pueblo de Dios en misión y de crecer en compañerismo cristiano, espera con creciente expectativa el tiempo de la exposición bíblica, la predicación o la proclamación de la Palabra. La Palabra es el alimento espiritual que se espera, con creciente expectativa, para seguir peregrinando como discípulos en los distintos contextos humanos en los que cotidianamente se da testimonio de la presencia viva y transformadora del Dios de la Vida.

Precisamente, el libro *La predicación bíblica transformadora* escrito por Jonathan Lamb, apunta en esa dirección. Tomando como fundamento y punto de partida la experiencia de exposición pública de la Palabra de Dios relatada en Nehemías 8, y utilizando como soporte bíblico-teológico diversos pasajes del Antiguo y Nuevo Testamento, Jonathan Lamb, teje un bello, novedoso y desafiante libro sobre la experiencia y la práctica de una predicación bíblica transformadora, atenta al contexto del texto bíblico y al contexto del lector y oyente contemporáneo.

Para el autor del libro, no se trata solamente de comprender, explicar y actualizar el mensaje bíblico, sino de lograr que la exposición de la Palabra tenga un efecto transformador de largo plazo que afecte visiblemente la vida privada y la vida pública de quienes escuchan el mensaje siempre vigente y contemporáneo de la buena noticia del reino de Dios. Con paciencia de artesano, Jonathan Lamb, moldea un libro sumamente útil, no solo para los expositores bíblicos, sino para todos los públicos interesados en conocer cómo transmitir el mensaje de la Palabra, dentro y fuera de la frontera religiosa, particularmente en la plaza pública, tan necesitada de un mensaje pertinente para sociedades humanas que sufren un preocupante y creciente proceso de descomposición social y política que amenaza la paz, la justicia, y la igualdad de oportunidades para todos.

Una predicación bíblica transformadora, fundamentaba en la exposición de la Palabra, es tan necesaria hoy, como lo fue en el tiempo de Nehemías. Trazar rectamente la Verdad requiere, como

Jonathan Lamb enfatiza una y otra vez a lo largo del libro, prepararse conscientemente. Para ello se requiere utilizar con destreza y creatividad todas las herramientas a disposición del expositor bíblico, para entregar un producto final —sustentado en la oración, el estudio, el conocimiento del contexto, así como las diversas necesidades humanas del público— que provoque una transformación que conduzca a un testimonio integral del creyente y de las iglesias en las realidades históricas en las que se encuentran como señal del reino del Dios de la vida.

¡Muchas gracias Jonathan Lamb por darnos un fruto maduro producto de un largo peregrinaje como misionero del Dios de la vida en la frontera misionera universitaria y en otros espacios de la vida humana! La lectura de este libro, así lo creo, ayudará al lector a predicar desde las honduras de la experiencia humana, para que otros caminantes o peregrinos de la vida se enamoren del Mesías Crucificado y Resucitado.

Darío A. López Rodríguez PhD
Lima, abril de 2019

Prefacio

¿De qué estamos hechos? ¿Cuál es el propósito de nuestras vidas? ¿Qué es lo que nos motiva, condiciona nuestras decisiones y determina nuestras prioridades? ¿Qué es verdaderamente lo más importante? La respuesta bíblica se encuentra en una hermosa oración, cuyo enfoque revela la preocupación de Pablo, no solamente por los cristianos de Éfeso, sino por todos los cristianos:

> Pido que el Dios de nuestro Señor Jesucristo, el Padre glorioso, les dé el Espíritu de sabiduría y de revelación, para que lo conozcan mejor. (Ef 1.17)

Ese es el propósito de la vida: conocer al Dios del universo, conocer al Dios que nos ha hecho y nos ha amado, conocerlo personalmente y conocerlo profundamente. Eso es lo que realmente importa. Y Pablo da inicio a la sección en Efesios 1 con la frase «Por eso yo…», porque anteriormente había agradecido a Dios por todas las bendiciones en Cristo que pertenecen a los que conocen a Dios. Estuvo orando para que puedan realmente entender estas bendiciones y permitan que estas verdades formen sus vidas.

Jesús también abordó este tema cuando citó al Antiguo Testamento. «No solo de pan vive el hombre, sino de toda palabra que sale de la boca de Dios» (Mt 4.4). Él es nuestra vida, nuestra satisfacción y nuestro gozo. Todo lo demás es secundario. El profeta Jeremías denunció la necedad de imaginarse que el propósito de la vida es confiar en el poder humano, las riquezas o el entendimiento. Proclamó la punzante Palabra de Dios: «Que no se gloríe el sabio de su sabiduría, ni el poderoso de su poder, ni el rico de su riqueza. Si alguien ha de gloriarse, que se gloríe de conocerme y de comprender que yo soy el Señor, que actúo en la tierra con amor, con derecho y justicia, pues es lo que a mí me agrada» (Jer 9.23-24).

A lo largo de los años he conocido a cristianos de distintos países y en diferentes esferas laborales quienes, luego de conocer al Dios vivo, fueron transformados por medio de la predicación. Recuerdo una conversación con un estudiante de fisioterapia que, al escuchar un sermón sobre la vida nueva en Cristo de 2 Corintios 5.17, pasó de ser un cristiano de nombre a tener una fe profunda en Cristo, lo cual cambió su vida y su futuro. O un matrimonio que enfrentaba la enfermedad terminal de la esposa, y que gracias a un sermón sobre la doxología final de Habacuc, descubren que Jesús es todo lo que necesitan. O unos amigos, que ahora sirven a Dios en Tailandia, y que gracias al llamado de Cristo en los evangelios fueron remecidos de su indiferencia. O unos compañeros de trabajo, que sufrían unas de las tristezas inesperadas del ministerio cristiano, y que por medio de la predicación del canto del siervo en Isaías lograron ser consolados por Cristo. La predicación es importante, porque es la manera que Dios dispuso para encontrarnos con Cristo.

Este libro surgió inicialmente a partir de una conferencia dada en la Convención de Keswick en 2010,[1] y el libro original se publicó bajo la serie de la Fundación Keswick en colaboración con IVP. Nos sentimos ahora complacidos por poder modificar esta obra gracias a la invitación de Recursos Langham Predicación, con la esperanza de que pueda ser útil a pastores y predicadores de todo el mundo.

El libro busca abordar los fundamentos de la predicación, a partir de la historia que se relata en las memorias de Nehemías. Si bien ofrece información básica para predicadores, no es un libro técnico sobre homilética, sino una introducción a los elementos que dan forma a la predicación bíblica. Espero que sea útil tanto para el predicador como para el oyente. Dado que una de sus tres secciones principales trata sobre la congregación y la importancia de que el oyente preste atención mientras se predica la Palabra, tenemos la esperanza que los dirigentes de la iglesia y la congregación puedan leer esta obra, es decir, aquellos cuya convicción sostiene a la predicación en gran estima. En otras palabras, que la vida espiritual y la renovación a todos los niveles solamente sucede por medio de la proclamación de la Palabra de Dios y el poder del Espíritu Santo.

Estamos también conscientes de que gran parte de la explicación del contenido de la Biblia sucede fuera del púlpito: en células, eventos juveniles, estudios bíblicos individuales, reuniones de mujeres y en

---

1. La conferencia de Keswick se reprodujo como un capítulo del libro *Understanding and Using the Bible* (Londres: SPCK, 2009) de Christopher J. H. Wright y Jonathan Lamb, editores. Estoy agradecido a SPCK por autorizarme a reproducir algo del material de ese libro y, además, estoy agradecido a IVP por su apoyo en publicar la edición original de este libro, y permitirme hacerlo accesible para Recursos Langham Predicación.

muchos otros contextos. Así que, ya seas locutor u oyente, predicador o dirigente de grupos, esperamos que esta sencilla introducción a los elementos de la predicación fortalezca tu confianza en tu ministerio, y te ayude a experimentar la Palabra de tal modo que seas conducido a una fe más firme en Dios y a una devoción más grande por su Hijo, nuestro Señor Jesucristo.

Estoy en deuda con miles de predicadores en distintos continentes con los que he podido compartir gracias al trabajo de Langham Predicación, asociación que busca establecer movimientos locales de predicación que alienten y preparen a una nueva generación de predicadores bíblicos. He sido inspirado por su compromiso valiente hacia el Evangelio, su compromiso incondicional a la Palabra de Dios, y el sacrificio y entrega a sus iglesias. Dedico este pequeño libro a cada uno de ellos.

Estoy también agradecido por la constante generosidad de mi esposa, Margaret, quien continúa trabajando arduamente en el ministerio cristiano que compartimos. Y finalmente debo expresar mi agradecimiento especial a Catherine Nicholson por su corrección minuciosa de los textos bíblicos, y a Eleanor Trotter de IVP por su constante animo durante la edición de la versión original de este libro y a todos mis amigos de Literatura Langham por su ayuda en publicar una edición para los Recursos Langham Predicación.

Jonathan Lamb
Oxford, Reino Unido

Introducción

Una de las traducciones más antiguas de la Biblia en inglés es la *King James*. Hace algunos años, se celebraron sus cuatrocientos años, y los medios de comunicación presentaron varios reportajes acerca el impacto de esta notable traducción. Esto es lo que una persona famosa dijo: «No puedes apreciar la literatura inglesa a menos que estés hasta cierto punto familiarizado con la Biblia *King James*. Desconocer la Biblia *King James* es ser, de alguna manera, un bárbaro».

Aunque no lo creas, ese comentario positivo lo dijo el conocido ateo Richard Dawkins. Y hubo otros tantos halagos. La mayoría recalcó la influencia de esta traducción en el lenguaje y la cultura. Joan Bakewell afirmó que la versión King James es «una de las mejores obras literarias jamás escritas». Y si bien estas declaraciones fueron realmente ciertas, me pregunto qué habrían dicho Moisés o Jeremías o Pablo en respuesta a tales elogios. Alguien una vez sugirió que es como si se tomara el manuscrito original de Einstein sobre «la teoría de la relatividad» y se dijera, «¡que bella letra!»

Por supuesto, que hay mucho más en la Palabra de Dios que su legado literario, aunque este sea notable. Hace algunos años atrás, un hombre llamado J. B. Phillips estaba trabajando en una paráfrasis de la Biblia y explicó que la experiencia era similar a trabajar con la red eléctrica de una casa, pero con la electricidad aún encendida. Fue una experiencia extraordinaria: el libro estaba «vivo»; Era potente y vigorizante. Como lo dijo Martín Lutero, «La Biblia está viva, tiene manos y me agarra; tiene pies y corre detrás de mí».

La Biblia está repleta de descripciones dinámicas sobre sí misma. Jeremías dijo que la Palabra de Dios era como fuego en sus huesos o como un martillo que pulveriza la roca (Jer 20.9; 23.29). Pablo la describió como la espada del Espíritu (Ef 6.17). La idea se repite en Hebreos 4.12 «la palabra de Dios es viva y poderosa, y más cortante que cualquier espada de dos filos…». Jesús dijo que la Palabra era como la semilla que produce una buena cosecha. Y también tenemos la intrigante historia en Lucas 24 de dos discípulos camino a Emaús después de la crucifixión de Jesús en Jerusalén. No reconocieron a Jesús, pero él deliberadamente eligió revelarse a partir de la Biblia: «Entonces, comenzando por Moisés y por todos los profetas, les explicó lo que se refería a él en todas las Escrituras» (v. 27). ¿Su respuesta? «¿No ardía nuestro corazón mientras conversaba con nosotros en el camino y nos explicaba las Escrituras?» (v. 32).

En otras palabras, mediante las Escrituras ellos encontraron al Cristo vivo. Esta es la razón por la cual nuestras iglesias están comprometidas a escuchar, entender y explicar la Palabra de Dios, y es por eso que los movimientos de Langham Predicación se enfocan constantemente en las Escrituras. Creemos que la Palabra de Dios tiene el mismo impacto dinámico el día de hoy. La predicación es importante. Cuando se predica la Biblia fielmente y de manera pertinente, transforma nuestro entendimiento y nuestras actitudes, desafía y reconfigura nuestras cosmovisiones y, más importante aún, nos conduce a una relación viva con Dios por medio de Cristo.

Recuerdo a una amiga que, por causa de las luchas que enfrentaba tratando de criar a un hijo con graves problemas de aprendizaje, descubrió que su fe cristiana tenía cada vez menos propósito. ¿Podría ella realmente confiar en Dios? ¿Esas invitaciones a vivir con esperanza eran sencillamente expresiones sentimentales nacidas de la ilusión? Sin embargo, pasados varios domingos, luego de haber escuchando sermones sobre la vida de Rut desde una perspectiva pastoral, ella me confesó que esta antigua historia, por la gracia de Dios, había transformado su perspectiva sobre su situación familiar y había restaurado su confianza en los buenos propósitos de Dios. Esto ocurre todo el tiempo y por todas partes del mundo.

La Biblia y la predicación

Esta es la convicción que existe detrás de cada predicación bíblica, y es por esta razón que la propia Biblia, la historia de la iglesia primitiva, la historia de los avivamientos, la formación de las sociedades bíblicas y la transformación de seres humanos, dan testimonio al hecho que la predicación es efectiva sólo cuando la Biblia es su centro.

Pero, puedo escuchar a alguien decir, «seguramente que todos los predicadores predican a partir de la Biblia, ¿por qué has escrito un libro sobre un tema tan obvio?» Ciertamente se trata de una pregunta válida. El predicador en cualquier congregación, tradición y país probablemente reconoce que su tarea es explicar la Biblia. Conocemos la intensidad del mandamiento neotestamentario de «predicar la Palabra» y, cuando nos reunimos en nuestros cultos, damos por sentado que después de que el pasaje bíblico se haya leído, el predicador se para frente a la congregación, abre la Biblia, con la intención de proclamar la Palabra de nuestro Señor. Seguro que cada predicador hace esto, ¿verdad?

Lamentablemente no sucede así. Hablé recientemente con un pastor que me comentó que en su país, los pastores y predicadores escriben su sermón y luego buscan pasajes bíblicos para ilustrarlo. Cada vez que cuento esta historia escucho risas avergonzadas, ese pastor seguramente no está solo. Muy a menudo, la Biblia no establece la agenda; es simplemente la música de fondo. En muchos países, la predicación temática (que con frecuencia se basa vagamente en una serie de referencias bíblicas) es lo más común. El peligro con esta clase de predicación es que no permite que la Biblia se exprese, y fácilmente puede sustituir el poder de la Palabra por un conjunto de anécdotas entrelazadas por algún tema que esté de moda. De verdad hay una epidemia de lo que podríamos llamar «predicación light». Esta clase de predicación no tiene poder transformador, porque le falta autoridad bíblica. A menudo he hablado con amigos que, luego de haber escuchado a un conferencista vivaz, pueden describir sus historias entretenidas, pero lamentan no haber escuchado la Palabra del Señor. Las historias memorables y convincentes son vitales para la predicación, pero si se oculta, margina o ignora la Palabra de Dios en las Escrituras, nada cambiará y nada durará.

Así que esta es la proposición clave: La única clase de predicación verdadera es la predicación bíblica. Y por predicación bíblica nos referimos a una predicación que coloca a la Biblia en su centro, y expone así su poder y fortaleza. En casi toda situación, quisiera incluso tomar un paso más y afirmar que: la predicación bíblica es una predicación que expone un pasaje bíblico. Claro que existe un lugar importante dentro de la dieta de la iglesia para la predicación temática, pero también esta clase de predicación se desarrolla de mejor manera a partir de una explicación cuidadosa de un pasaje principal, acompañado por otros pasajes bíblicos. Este libro argumenta que predicar a partir de un pasaje bíblico es la manera más efectiva de proclamar la Palabra de Dios.

La predicación y el crecimiento espiritual

Es de suma importancia la predicación en cuyo centro se encuentra la Biblia. Hace muchos años atrás, el teólogo anglicano Jim Packer, al referirse a la importancia de la Biblia, inició su sermón hablando sobre los árboles secuoya del norte de California. Estos maravillosos árboles están cuidadosamente cercados porque, aunque son enormes, tienen raíces poco profundas, por lo que, a medida que más visitantes caminan alrededor de ellos, el suelo se afloja en torno a sus raíces, colocando a los árboles en una situación muy vulnerable. De hecho, no se necesitaría mucho viento para derrumbarlos. Packer comentó que, aunque hay muchas señales de crecimiento en la iglesia evangélica, existe también una inconfundible superficialidad. Y la razón fundamental, sugirió, es la incertidumbre y confusión con respecto a la naturaleza y uso de la Biblia. Lamentablemente, si hay incertidumbre aquí, puedes esperar incertidumbre en todos lados. Es una paradoja alarmante que, al mismo tiempo que tengamos la Biblia disponible en tantas versiones y formatos, guarde también un silencio impresionante en tantas áreas de la vida de la iglesia.

Hay menos dedicación a la lectura personal de la Biblia, menos tiempo a la lectura de las Escrituras en los hogares y los cultos religiosos, e incluso se margina a la Biblia en la predicación. Todo esto indefectiblemente tiene serias consecuencias. Si la obligación de la iglesia es mantenerse firme contra viento y marea, si los discípulos cristianos deben madurar en la fe, entonces sus raíces deben nutrirse profundamente de la Palabra de Dios. Como Jim Packer lo expresara: «La iglesia debe vivir por la Palabra de Dios como su alimento vital y que esa misma Palabra sea su estrella guía. Sin la predicación, no es concebible que esto se logre ver o realizar».[1] Así que la primera tarea del ministerio pastoral es asegurarse que el ministerio de la Palabra (que incluye predicar, pero es más que esto) sea el palpitar de la vida y el trabajo de la iglesia.

1.　J. I. Packer, 'Why Preach?' en *Honouring the Written Word of God: Collected Shorter Writings of J. I. Packer*, ed. J. I. Packer (Carlisle: Paternoster Press, 1999), 260.

La predicación y la congregación

Por tanto, una de las convicciones de este libro es que la predicación es un acontecimiento de la comunidad y que requiere que la congregación tome parte activa. Es importante para todos nosotros, porque es la manera en que la iglesia como comunidad se encuentra con el Dios vivo. Tenemos que encontrar maneras de integrar a nuestros cultos la Palabra que se predica, así como también hacer que esta Palabra sea el centro de nuestros grupos de estudio, utilizarla en el asesoramiento pastoral, proclamarla en el evangelismo y vivirla como ejemplo en nuestra propia vida y familia. A propósito, en varios capítulos de este libro me he enfocado en la participación de la congregación. Por ejemplo, el capítulo 1 aborda la necesidad de asegurarse que la Palabra juegue un papel central, los capítulos 2 y 3 tratan el llamado a orar y a estudiar las Escrituras, y los capítulos 6, 7 y 9 lo hacen en torno a la importancia de su aplicación y, en especial, las distintas formas en que las congregaciones pueden desempeñar su papel en la predicación, que se describen en el capítulo 8.

Veremos varios temas que surgen de una historia dramática, donde la Palabra de Dios tuvo un impacto dinámico en su pueblo durante un momento crítico de su historia. Esta historia quedó registrada en las memorias de Nehemías y, en particular, nos enfocaremos en Nehemías 8.1-12. Usaremos este pasaje como base y, entonces, la estructura del libro seguirá tres elementos dinámicos principales:

> La Palabra de Dios y la esencia de la predicación
> El maestro y el trabajo de la predicación
> La congregación y el propósito de la predicación

Exploraremos cada uno de estos temas a partir de la experiencia del pueblo de Dios en Jerusalén, cuando el maestro Esdras los dirigió hacia un encuentro transformador con el Dios viviente.

Mientras lees los siguientes capítulos, te pido que mantengas a la mano Nehemías 8.1-12 en tu Biblia, en tu móvil o recurriendo a marcapáginas. Y, primeramente, mientras lees este capítulo, hazte la siguiente pregunta: ¿Cuales son los elementos de esta historia que demuestran lo que sucede cuando se abre y proclama la Biblia de la forma adecuada?

Nehemías 8.1-12 (NVI)

Entonces todo el pueblo, como un solo hombre, se reunió en la plaza que está frente a la puerta del Agua y le pidió al maestro Esdras traer el libro de la ley que el Señor le había dado a Israel por medio de Moisés. Así que el día primero del mes séptimo, el sacerdote Esdras llevó la ley ante la asamblea, que estaba compuesta de hombres y mujeres y de todos los que podían comprender la lectura, 3 y la leyó en presencia de ellos desde el alba hasta el mediodía en la plaza que está frente a la puerta del Agua. Todo el pueblo estaba muy atento a la lectura del libro de la ley.

El maestro Esdras se puso de pie sobre una plataforma de madera construida para la ocasión. A su derecha estaban Matatías, Semá, Anías, Urías, Jilquías y Maseías; a su izquierda, Pedaías, Misael, Malquías, Jasún, Jasbadana, Zacarías y Mesulán. Esdras, a quien la gente podía ver porque él estaba en un lugar más alto, abrió el libro y todo el pueblo se puso de pie. Entonces Esdras bendijo al Señor, el gran Dios. Y todo el pueblo, levantando las manos, respondió: «¡Amén y amén!» Luego adoraron al Señor, inclinándose hasta tocar el suelo con la frente.

Los levitas Jesúa, Baní, Serebías, Jamín, Acub, Sabetay, Hodías, Maseías, Quelitá, Azarías, Jozabed, Janán y Pelaías le explicaban la ley al pueblo, que no se movía de su sitio. Ellos leían con claridad el libro de la ley de Dios y lo interpretaban de modo que se comprendiera su lectura.

Al oír las palabras de la ley, la gente comenzó a llorar. Por eso el gobernador Nehemías, el sacerdote y maestro Esdras y los levitas que enseñaban al pueblo les dijeron: «No lloren ni se pongan tristes, porque este día ha sido consagrado al Señor su Dios».

Luego Nehemías añadió: «Ya pueden irse. Coman bien, tomen bebidas dulces y compartan su comida con quienes no tengan nada, porque este día ha sido consagrado a nuestro Señor. No estén tristes, pues el gozo del Señor es nuestra fortaleza».

También los levitas tranquilizaban a todo el pueblo. Les decían: «¡Tranquilos! ¡No estén tristes, que este es un día santo!»

Así que todo el pueblo se fue a comer y beber y compartir su comida, felices de haber comprendido lo que se les había enseñado.

Parte I

*La Palabra de Dios
y la esencia de
la predicación*

Preludio

Me encanta la iniciativa de obsequiar copias de los Evangelios a estudiantes universitarios no cristianos alrededor del mundo. Una vez me describieron esta labor como si se colocaran pequeños explosivos que cambian radicalmente los corazones y las mentes de los estudiantes. Me encanta encontrar una Biblia de los gedeones en mi cuarto de hotel y me acuerdo de las historias de vidas que fueron transformadas al abrir las páginas de la Biblia y encontrarse con el Dios viviente. Ya sea en momentos de felicidad o tristeza, en tiempos difíciles o de incertidumbre, me encanta leer las Escrituras y descubrir que mi vida se redirige hacia una historia distinta, hacia otra lectura de la realidad. Me encanta cuando me reúno con una congregación, ya sea grande o pequeña, y juntos nos adentramos en la presencia de Dios mientras se proclama la Biblia, nuestro discipulado recibe nuevos retos, nuestra alabanza se renueva y nuestras vidas espirituales reciben aliento. La Palabra de Dios es dinámica, transforma los corazones y las mentes, logrando así restaurar vidas rotas, renovar las iglesias e incluso a comunidades enteras.

¿Puedes imaginarte el estado de ánimo de los que se reunieron en el centro de Jerusalén aquel día? Luego de haber podido finalmente regresar a casa tras haber estado muchos años deportados en una tierra pagana, anhelaban la restauración, no solamente la reconstrucción de los muros derribados de la ciudad, sino también la restauración de sus familias y de su propia nación. Nehemías 8 nos presenta un encuentro extraordinario, cuando el pueblo de Dios da inicio a su camino de renovación.

La historia en el capítulo 8, ubicada a la mitad de las memorias de Nehemías, nos señala que, al haber finalizado la reconstrucción de los muros de Jerusalén, el verdadero cimiento de la comunidad restaurada será la Palabra de Dios. Nehemías sabía cuán estratégico sería esto, así que se aseguró de que Esdras, el maestro erudito, pase a primer plano.

El texto posee dos características que demuestran que Esdras y Nehemías creían que la Palabra era el cimiento de todo lo demás que estaba por venir: el carácter central y la autoridad de la Palabra.

El carácter central de la Palabra

Para el pueblo de Dios, el séptimo mes era uno donde se celebraba una gran fiesta religiosa, y lo primero que hicieron fue pedir la lectura de las Escrituras. Era el deseo del pueblo que se leyera la ley: «Entonces todo el pueblo, como un solo hombre, se reunió en la plaza que está frente a la puerta del Agua y le pidió al maestro Esdras traer el libro de la ley que el Señor le había dado a Israel por medio de Moisés» (vv. 1-2). Y la ley cautivó la atención de todos: «Todo el pueblo estaba muy atento a la lectura del libro de la ley» (v. 3); y el versículo 13: «Al día siguiente, los jefes de familia, junto con los sacerdotes y los levitas, se reunieron con el maestro Esdras para estudiar los términos de la ley».

Este libro mantuvo su lugar central hasta finales de aquel mes. «Y asumieron así su responsabilidad. Durante tres horas leyeron el libro de la ley del Señor su Dios, y en las tres horas siguientes le confesaron sus pecados y lo adoraron» (Neh 9.3). La Palabra de Dios representaba los estatutos de fundación, la nueva constitución del pueblo de Dios. Esta Palabra definió la identidad del pueblo y fue ubicada en el mismísimo centro de su programa de restauración, al cual Esdras y Nehemías los invocaban. Para una nación que buscaba su identidad y formaba su programa de restauración, la Palabra de Dios era muy importante. Hay incluso algo simbólico en el hecho que no fue leída en el templo, sino en la ciudad: «y la leyó en presencia de ellos desde el alba hasta el mediodía en la plaza que está frente a la puerta del Agua» (v. 3).

Lo mismo es cierto para la predicación hoy en día. Nuestra tarea no consiste en pararnos frente al texto bíblico, sino detrás de este, y asegurarnos que sea el texto el que hable. En demasiadas ocasiones, pareciera que a la Biblia se la coloca en la periferia en lugar de ocupar el centro de atención. Y también, cuando el predicador intenta ser pertinente, el texto se convierte en la plataforma de lanzamiento desde la cual el resto del sermón despega. Entonces, uno de los desafíos que enfrentamos en nuestras iglesias alrededor del mundo es este: ¿cómo restauramos el lugar dinámico de la Biblia? Y la razón por la cual esto es primordial está vinculada a un segundo aspecto de la Palabra de Dios, que nuevamente veremos en Nehemías 8.

La autoridad de la Palabra

Aquí simplemente mencionamos el énfasis del versículo 1: «Entonces todo el pueblo, como un solo hombre, se reunió en la plaza que está frente a la puerta del Agua y le pidió al maestro Esdras traer el libro de la ley que el Señor le había dado a Israel por medio de Moisés». Se reconoce en varias ocasiones que el pasaje proviene de autor humano: la lectura provino de los libros de Moisés. Pero se enfatiza su autoridad divina: la ley que proviene de Dios. La ley era «instrucción» de parte de Dios mismo. Sin este sentido de autoridad divina, sería simplemente una cuestión de veneración de un libro. Hay una magnífica explicación de esto en el Nuevo Testamento, cuando Pablo describe la manera en que los creyentes recibieron el Evangelio: «Así que no dejamos de dar gracias a Dios, porque al oír ustedes la palabra de Dios que les predicamos, la aceptaron no como palabra humana, sino como lo que realmente es, palabra de Dios, la cual actúa en ustedes los creyentes» (1Ts 2.13).

Hay varias conclusiones acerca de la Biblia que pueden inferirse a partir de la afirmación de Pablo:

Su autoridad: es la Palabra «de Dios». Se trata de una afirmación enfática según la manera en que Pablo lo escribe. El mensaje de los apóstoles posee autoridad porque se origina en Dios mismo.

Su poder: «la cual actúa en ustedes los creyentes». Es poderosa porque precisamente es la Palabra de Dios. Nunca debemos separar la Palabra escrita y el Dios viviente que habla esa Palabra. Por el Espíritu de Dios, es poderosa, da vida y la transforma. Sigue operando en los que siguen creyendo.

Su recepción: Pablo agradece a Dios porque los creyentes de Tesalónica «la aceptaron» como la Palabra de Dios. Usa dos palabras en el versículo 13: al «oír» la Palabra, y luego la «aceptaron». La Palabra se convirtió en parte de ellos mismos y siguió operando en sus vidas.

Su impacto: Pablo ya ha descrito los efectos de la Palabra de Dios en Tesalonicenses 1.9, y la manera en que dejaron «los ídolos para servir al Dios vivo y verdadero». De manera similar, Pablo describe el impacto de la Palabra en el versículo 8: «Partiendo de ustedes, el mensaje del Señor se ha proclamado no solo en Macedonia y en Acaya, sino en todo lugar; a tal punto se ha divulgado su fe en Dios que ya no es necesario que nosotros digamos nada».

Tenemos un excelente ejemplo del poder transformador de la Palabra de Dios, que opera en los tesalonicenses de la misma manera que lo hizo con el pueblo de Dios que estuvo parado en la plaza de Jerusalén en los días de Nehemías. La Palabra de Dios no consiste sencillamente de enunciados distantes y fríos, sino que es una Palabra dinámica que por el poder del Espíritu de Dios nos hace cambiar de rumbo para servir a Dios y da forma a la manera en la que debemos vivir.

¿Qué lecciones podemos sacar sobre la predicación bíblica para hoy en día? Voy a resaltar tres principios en los siguientes capítulos: La predicación bíblica debe centrarse en la Palabra de Dios, debe orar la Palabra de Dios y debe entender la Palabra de Dios.

Capítulo 1

La predicación bíblica debe centrarse en la Palabra de Dios

El autor y predicador mundial John Stott, una vez comentó que «el secreto de la predicación no es tanto dominar ciertas técnicas, sino ser dominado por ciertas convicciones». Y no hay una convicción más importante por la que debemos estar dominados que esta: la Palabra de Dios tiene poder y autoridad porque es la revelación de Dios para todos los pueblos, culturas y generaciones. Tal como hemos visto a partir del relato de Nehemías, las Escrituras provienen de Dios, «que el Señor le había dado a Israel» (Neh 8.1), y debe por tanto establecer la agenda para toda predicación. Nuestra labor consiste en asegurarnos que las Escrituras jueguen un papel central, en esforzarnos por entender su significado y propósito, y en dedicar nuestras energías a proclamar su verdad.

Someternos a la Palabra de Dios

1. Autoridad

En algunas culturas, se le da autoridad al predicador porque tiene las credenciales teológicas adecuadas. O tal vez, tiene el título eclesiástico o rango correcto. O a veces pensamos que su autoridad proviene de la indumentaria que lleva o por el púlpito elevado desde donde predica.

Pero no es así. La autoridad proviene de una fuente primaria. Cuando entendemos lo que el Nuevo Testamento dice acerca de la predicación, un asunto queda claro: predicar no es anunciar nuestras propias palabras desde nuestra propia autoridad, sino proclamar la Palabra de Dios con su autoridad. Hace muchos años, Edmund Clowney resaltó cuatro palabras que nos ayudan a entender la naturaleza de la predicación.[1]

---

1. Edmund P. Clowney, *Preaching and Biblical Theology* (Grand Rapids: Eerdmans, 1961), 54–59.

El grupo de palabras más común significa proclamar en calidad de heraldo. Predicar es proclamar el mensaje que nos ha sido dado con la autoridad de Dios y que él mismo nos ha enviado a proclamarlo. El mensajero no genera el mensaje, pero Dios sí. La segunda palabra se relaciona con anunciar las buenas nuevas. No se la utiliza exclusivamente en la tarea de evangelizar, aunque la incluye. De nuevo, son las buenas nuevas de Dios, no las nuestras. El tercer grupo de palabras se relaciona con testificar de los hechos. Y el cuarto grupo, que comúnmente se traduce como «instruir», significa dar a conocer los hechos tal como Dios los ha revelado. Lo importante que debemos notar no solo es el hecho que estas palabras por lo general aparecen juntas (lo cual significa que la predicación contiene todos estos elementos y no debería limitarse a un solo significado), sino que el énfasis recae en la noción de «dar a conocer» el mensaje. Nuestra obligación es proclamar la Palabra de Dios.

Además, si analizamos las instrucciones de Pablo a Timoteo, veremos cuán insistente fue en explicar que la tarea pastoral debería involucrar la proclamación y lectura de la Palabra de manera fiel, urgente y constante (1Ti 4.11-16; 2Ti 4.1-5). «Predica la Palabra» o «proclama el mensaje» (2Ti 4.2). Aquí, Pablo enfatiza la función del heraldo que proclama lo que Dios nos ha relevado en las Escrituras. Y los verbos adicionales: «corrige, reprende y anima», indican que esta tarea tiene un propósito: exponemos la Palabra de Dios para dar lugar al cambio (como veremos en los capítulos 8-10).

El párrafo anterior de Pablo subraya esto, enfatizando por qué debemos confiar en las Escrituras y exponerlas fielmente (2Ti 3.14-17). Las Escrituras tienen autoridad porque han sido inspiradas por Dios (v. 16), y por lo tanto son la única fuente de revelación con respecto a la necesidad más grande de la humanidad: «darte la sabiduría necesaria para la salvación» (v. 15). Entonces, la tarea de la predicación es abrir estas Escrituras con el propósito de «enseñar, para reprender, para corregir y para instruir en la justicia» (v. 16). Por lo tanto, Pablo enfatiza el punto: nuestra tarea es proclamar la Biblia. Nada más nos beneficiará, puesto que nada más revela los propósitos de Dios, y nada más tiene tal poder transformador. De este modo, el pasaje bíblico establece la autoridad del predicador. La autoridad del acto de predicar no se debe por la fama o el carisma del predicador, ni por sus estudios académicos o habilidades de oratoria.

El gran predicador Campbell Morgan lo dijo claramente: «Mi sermón no tiene autoridad en sí mismo, excepto como una interpretación o una exposición o una ilustración de una verdad que está en el texto bíblico. El texto lo es todo. De eso se trata la autoridad».

2. Integridad

Como bien lo ha descrito David Day, la mayoría de los predicadores están acostumbrados a leer un pasaje bíblico «con el fin de conseguir la primera lección predicable que aparezca».[2] El texto, en otras palabras, nos ofrece un pretexto. Es una excusa para predicar sobre un tema importante para nosotros, que por suerte, aparece en un pasaje bíblico. Pero esto es utilizar la Biblia como un perchero para colgar nuestros propios pensamientos. Si los predicadores hacen esto, no manejan la Biblia con integridad. No permiten que la Biblia hable. Pero como hemos visto con Nehemías, la Palabra debe ser el centro. David Day nos exhorta a «predicar desde el pasaje, el pasaje completo y nada más que el pasaje».[3] Esta es la tarea central del predicador, si realmente cree en la autoridad de la Biblia y la autoridad de Dios que nos habla en ella.

El apóstol Pablo se enfocaba en asegurarse que su ministerio se centre en la Palabra de Dios. Sabemos, por su segunda epístola a los Corintios, que los falsos maestros de Corinto lo criticaban por una serie de cuestiones, por ejemplo, su aparente falta de habilidades retóricas. En su defensa, esbozó un llamado para todos los predicadores de la Palabra: «Hemos renunciado a todo lo vergonzoso que se hace a escondidas; no actuamos con engaño ni torcemos la palabra de Dios. Al contrario, mediante la clara exposición de la verdad, nos recomendamos a toda conciencia humana en la presencia de Dios» (2Co 4.2).

Pablo destaca su determinación por ser fiel al mensaje y menciona una prioridad clave: no debemos distorsionar la Palabra de Dios, sino presentar su verdad de manera sencilla. Exponer significa presentar algo para que sea visto, una revelación plena de la verdad. Es lo opuesto al engaño. Es «mostrar lo que tienes en la mano». Es como el mago en un circo que se remanga para mostrar que no está ocultando nada. Pablo insiste que no estamos ocultando nada, sino que proclamamos fielmente

---

2.   David Day, *A Preaching Workbook* (Londres: SPCK, 1998), 18.

3.   *Ibid.* 21.

todo el consejo de Dios. Y esta es la fuerza del versículo 2: no cambiamos el mensaje para complacer a nuestros corazones, sino que exponemos la verdad. No adornamos la verdad para ganar popularidad, sino que expresamos el mensaje claramente. No guardamos el mensaje para un grupo selecto que podrá iniciarse hacia niveles más altos de experiencia espiritual, sino que nos encomendamos a la conciencia de todos.

Solo unos versículos más adelante, Pablo describe las características de este ministerio: «A diferencia de muchos, nosotros no somos de los que trafican con la palabra de Dios. Más bien, hablamos con sinceridad delante de él en Cristo, como enviados de Dios que somos» (2.17). Los falsos maestros trataron de ganar conversos por medio del engaño. Es posible que estos predicadores se hayan parecido a los grupos ocultistas de aquellos días, vendedores que comercializaban un producto religioso nuevo y misterioso. Algunos comentaristas creen que este grupo criticaba la manera en la que Pablo hablaba tan abiertamente sobre el evangelio; ellos preferían que la verdad se mantuviera envuelta en misterio. Y obviamente, así podían cobrar grandes sumas si las personas realmente querían descubrir esa verdad esotérica. Quizá eran como esos vendedores ambulantes que vendían vino mezclado con agua. Eran culpables de adulterar el producto, el mensaje, pero sin el menor remordimiento, porque solo les interesaba ganar dinero.

Más adelante, Pablo nos ofrece información acerca de su preocupación por la predicación defectuosa en Corinto. Usaban un lenguaje similar, pero se trataba, como lo dijo Pablo, de otro Jesús, un espíritu diferente, un evangelio diferente (2Co 11.3-4). No estamos seguros de lo que esto pudo haber representado: quizá era un evangelio que enfatizaba la fuerza, no la debilidad; un mensaje que prometía triunfo, no sufrimiento; un evangelio que ostentaba gloria, no la cruz. Pero lo que realmente importaba para Pablo, y para todos los que han sido llamados a predicar la Palabra, es el compromiso con una declaración fiel, clara y abierta de la verdad.

Nos hemos enfocado en este pasaje, porque nos explica de una manera muy útil a qué nos referimos con la exposición de la Biblia, o con la predicación expositiva. Es simplemente hacer que la Palabra de Dios sea clara y simple, sacar a luz lo que está ahí. A veces se caricaturiza a la exposición bíblica como un comentario sinfín de un largo pasaje bíblico. Como, por ejemplo, decir que la predicación del libro de Levítico toma cuatro años. O tal vez pensamos que es un estilo cultural particular que siempre debe tener tres puntos unidos por «una ingeniosa serie de palabras que riman».[4] Pero la exposición, según su definición más sencilla, es abrir un pasaje bíblico para poder exponer su fuerza y poder. Es por eso que John Stott a menudo subrayó que toda predicación cristiana es expositiva: «entendemos la predicación básicamente como… una exposición de la Palabra de Dios… según su sentido más amplio, nos abre el texto bíblico».[5] «En la predicación expositiva, el texto bíblico no es una introducción convencional a un sermón sobre un tema mayormente distinto, ni un cómodo perchero donde colgamos una mezcolanza de diversos pensamientos, sino un maestro que dicta y controla lo que decimos».[6] Permítanme sugerir cuatro prioridades:

Cuatro prioridades

1) Tenemos la *convicción* de que las Escrituras son la Palabra de Dios, y que poseen autoridad y poder. Todo tipo de predicación debe centrarse en la Palabra de Dios si se quiere demostrar que cumple eficazmente los propósitos de Dios.

2) Nuestro *interés* es que, dado que la Biblia es la Palabra de Dios, su voz debe escucharse. De hecho, estamos convencidos de que no hay nada más importante que esto para la vida de un cristiano y para la iglesia local. Pedro es lo suficientemente audaz para señalar que: «El que habla, hágalo como quien expresa las palabras mismas de Dios» (1P 4.11). A pesar de las debilidades humanas tanto del hablante como del oyente, Dios ha elegido revelarse a sí mismo y sus propósitos por medio de la predicación fiel de las Escrituras. Como lo enfatizaré en el siguiente capítulo, antes que los predicadores pronuncien sus sermones, deben escuchar cuidadosamente la voz de Dios. En uno de sus sermones sobre Efesios, Juan Calvino dijo:

Es cierto que si vamos a la iglesia no escucharemos

---

4. J. I. Packer, *God Has Spoken* (Londres: Hodder & Stoughton, 1979), 10.

5. J. R. W. Stott, 'The Paradoxes of Preaching', en *Preach the Word! The Call and Challenge of Preaching Today*, ed. Greg Haslam (Lancaster: Sovereign World, 2006), 43-44.

6. J. R. W. Stott, *I Believe in Preaching* (Londres: Hodder & Stoughton, 1982), 126.

> solamente a un mortal, sino que sentiremos… que Dios habla a nuestras almas, que él es el maestro. Él nos enseña mediante la voz humana que entra en nosotros y nos beneficia tanto que nos sentimos renovados y alimentados por ella. Dios nos convoca como si tuviera la boca abierta y lo viéramos allí en persona.[7]

3) Nuestra *actitud* debe estar sometida a la Palabra de Dios, comprometida por sobre todo a permitir que la Biblia hable. En ese sentido, la exposición bíblica es más que un método, es una forma de pensar: nuestra actitud es de sumisión a la Palabra, asegurándonos que lo que estamos a punto de predicar fluya directamente de la revelación divina. Y nuestra prioridad, si somos predicadores, es proclamar la Palabra de una manera clara y sencilla.

4) Nuestro *enfoque* nos garantizará que toda predicación debe tomar su contexto, contenido, forma y propósito a partir del pasaje bíblico. En los siguientes capítulos nos enfocaremos en cómo poder lograrlo, pero cualquier clase de predicación que no explique claramente lo que la Biblia dice, lo que Dios está diciendo, no es predicación bíblica. El palpitar de nuestro sermón debe ser el palpitar del pasaje bíblico. El pasaje define el mensaje y da forma a lo que hay que decir. Esto es muy distinto al ejemplo que una vez Haddon Robinson compartió acerca de algunos predicadores que simplemente salpiquen sus sermones con pasajes bíblicos.[8]

No me estoy refiriendo a un estilo particular de predicación como tal. Como lo he insinuado anteriormente, la exposición bíblica no es un enfoque cultural específico, con comentarios detallados versículo por versículo, argumentos lineales y tres puntos bien definidos. Eso

---

7. Juan Calvino citado en Philip Ryken, *Preach the Word* (Wheaton: Crossway, 2007), 202.

8. Haddon Robinson, 'The Relevance of Expository Preaching', en *Preaching to a Shifting Culture*, ed. Scott M. Gibson (Grand Rapids: Baker Books, 2004), 80.

puede que funcione bien en algunos contextos, pero cada predicador tiene una personalidad única, un contexto cultural y una manera de comunicarse. El compromiso central es universal: deseamos exponer la fuerza y el poder de la Palabra de Dios. Al final de tu predicación (si eres un predicador), sin importar tu estilo cultural, la pregunta más importante es: ¿ha escuchado la congregación el mensaje del texto bíblico y ha comprendido su significado? Ya hemos enfatizado cuán básico e importante es predicar desde un pasaje bíblico, pero es útil en la vida de la iglesia hablar a veces sobre algún tema en particular, entonces tendremos que utilizar más que un pasaje bíblico. Pero incluso entonces, es recomendable anclar el sermón en un pasaje importante, lo cual permite a los oyentes enfocarse con claridad, y los ayuda a entender que no estamos predicando nuestras propias opiniones sobre el tema, sino que estamos descubriendo lo que Dios dice al respecto.

3. Humildad

Estar convencido de la autoridad y el carácter central de la Palabra también dará forma al enfoque y la motivación del predicador respecto a la tarea de predicar. Ya hemos visto en 2 Corintios 4 que a Pablo le interesa hablar la Palabra con fidelidad y claridad, y mantenerla en el centro de atención. En el mismo capítulo, asegura a los corintios que él no se dedica al ministerio cristiano con el propósito de impresionar a las multitudes, construir su propia base de poder o alimentar su propio ego.

Pablo lo expresó con la franqueza que lo caracterizaba: «No nos predicamos a nosotros mismos, sino a Jesucristo como Señor; nosotros no somos más que servidores de ustedes por causa de Jesús» (2Co 4.5).

A medida que la globalización se arraigaba a finales del siglo veinte, algunos comentaristas cristianos sugirieron que, al menos en algunas partes del mundo occidental, la iglesia empezó a desarrollar una actitud consumista. Se describía este fenómeno como una mentalidad de «McIglesia», que forzaba a dirigentes cristianos y pastores a comercializarse a sí mismos y a su iglesia con una actitud casi competitiva. También sugirieron que las congregaciones comenzaron a elegir sermones de la misa manera en que elegían restaurantes de comida rápida. Hoy, McDonald's, mañana, Burger King.

En los días de Pablo había ciertamente un problema con el culto a la personalidad y la presión hacia el espectáculo. Pablo utiliza las palabras de sus críticos en 2 Corintios 10.10: «Sus cartas son duras y fuertes, pero él en persona no impresiona a nadie, y como orador es un fracaso». Y en el siguiente capítulo, él admite, «Quizás yo sea un mal orador» (11.16). Sus rivales en Corinto estaban claramente muy preocupados por la imagen que proyectaban, su elocuencia y sus habilidades retóricas. Y Pablo no tenía miedo de confrontar aquello directamente: «No nos predicamos a nosotros mismos» (4.5). No estamos proyectando nuestro carisma, ni tratando de edificar nuestra propia fuente de autoridad. Pablo dijo esto claramente en su primera carta: «Yo mismo, hermanos, cuando fui a anunciarles el testimonio de Dios, no lo hice con gran elocuencia y sabiduría. Me propuse más bien, estando entre ustedes, no saber de cosa alguna, excepto de Jesucristo, y de este crucificado» (1Co 2.1-2).

En el capítulo 11, nos enfocaremos directamente en el llamado de predicar a Cristo. El punto a subrayar aquí es, si las Escrituras ocupan el lugar central, la predicación no se enfocará en nosotros. Pablo deseaba que nada impidiera la predicación del Evangelio. Lo que realmente importaba era que se predicara con autoridad. En estos tiempos que vivimos, donde la gente está consciente de los medios de comunicación, no nos debe sorprender que nuestras iglesias se conviertan en teatros, donde el espectáculo es más importante que el contenido, donde rendimos honor a nuestros «héroes» evangélicos y exaltamos sus ministerios. Cristo y su Palabra deben ser el centro de atención.

> La explicación esmerada de un pasaje bíblico no solamente tiene la intención de proveer comida, sino que también sirve para demostrar cómo cocinar.

4. Comunidad

Uno de los beneficios más importantes de la exposición bíblica es que anima a la congregación a enfocarse en el pasaje bíblico, a explorar y comprender su significado, y a verificar lo que el predicador está diciendo a partir de lo que ellos mismos están leyendo. La predicación, como veremos en el capítulo 8, es un evento de la comunidad. El interés del predicador es compartir la Biblia con la congregación, no simplemente emitir sus propias conclusiones, sino animar a cada persona a encontrarse con la Palabra de Dios, y con el Dios de la Palabra. La explicación esmerada de un pasaje bíblico no solamente tiene la intención de proveer comida, sino que también sirve para demostrar cómo cocinar, para que así cada cristiano pueda descubrir maneras en la cuales un pasaje bíblico puede ser comprendido. Tomemos en cuenta el buen ejemplo de los de Berea, que «recibieron el mensaje con toda avidez y todos los días examinaban las Escrituras para ver si era verdad lo que se les anunciaba» (Hch 17.11).

Es muy valioso para la congregación si la iglesia se compromete a predicar libros completos de la Biblia, y los analiza consecutivamente mediante pasajes selectos. Christopher Ash comparte una serie de razones por las que ese tipo de ministerio de predicación es beneficioso. Se logra que la iglesia escuche todo el consejo de Dios y reciba una dieta variada; quiere decir que los predicadores abordan la Biblia con integridad cuando predican pasajes en su contexto y, por lo tanto, muestran a los cristianos un buen modelo para su propia lectura bíblica.[9]

Podemos también asegurarnos que la Biblia juegue un papel central en la vida de nuestra iglesia si tomamos seriamente los consejos de Pablo a Timoteo: «En tanto que llego, dedícate a la lectura pública de las Escrituras, y a enseñar y animar a los hermanos» (1Ti 4.13). La pérdida del carácter central de la Palabra en las iglesias se manifiesta de muchas maneras, incluyendo cuando se la margina por no leerla en público, y también en el tiempo cada vez menor que se dedica a su enseñanza. Se estima que la duración promedio de los sermones en las iglesias del Reino Unido ha bajado a quince minutos, lo que llevó a un periodista a comentar irónicamente que «este es un tributo notable al poder de la oración intercesora» (es decir, ¡la oración por sermones más cortos!). Las congregaciones deben asumir su responsabilidad de asegurarse que la Palabra ocupe el lugar central: en su lectura pública cada vez que la iglesia se reúne, en enfoques adecuados y creativos para las actividades de los niños, en la vida familiar y en la práctica de disciplinas espirituales personales. La alentadora guía de Deuteronomio 6 todavía es válida: «Grábate en el corazón estas palabras que hoy te mando. Incúlcaselas continuamente a tus hijos. Háblales de ellas cuando estés en tu casa y cuando vayas por el camino, cuando te acuestes y cuando te levantes» (Dt 6.6-7).

---

9. Christopher Ash, *The Priority of Preaching* (Fearn, Escocia: Christian Focus, 2009), 107-122.

Encontrarse con el Señor de la Palabra

Cuando el pueblo se reunió en Jerusalén y se leyeron las Escrituras (Neh 8.1-2), no solamente escucharon las palabras de la ley, sino que se encontraron con Dios que les hablaba. El dramático encuentro en el camino a Emaús, que vimos en la introducción, comunica el mismo punto. Luego de haber conocido a Cristo mediante las páginas del Antiguo Testamento, los discípulos declararon: «¿No ardía nuestro corazón mientras conversaba con nosotros en el camino y nos explicaba las Escrituras?» (Lc 24.32). Aunque parezca asombroso, la misma experiencia es posible hoy, cuando la Palabra de Dios se comparte fielmente en nuestras congregaciones. De hecho, ¿no debería ser esa nuestra oración y expectativa? ¿No deberíamos anhelar tener corazones ardientes mientras nos encontramos con el Dios vivo?

Encuestas recientes entre congregaciones en mi país muestran que la gran mayoría de los creyentes vienen a la iglesia con grandes expectativas, anhelando escuchar la Palabra del Señor y encontrarse con el Señor de la Palabra. Pero a menudo, sabemos que esta esperanza no se hace realidad. Greg Haslam cuenta la historia de un amerindio que visitó una gran iglesia estadounidense para escuchar a un pastor. «El pastor predicó por unos cuarenta minutos a una congregación de cinco o seis mil personas, mientras el piel roja[10] permanecía inexpresivo, con sus brazos cruzados, escuchando con mucha atención. Después, su anfitrión le preguntó: "Bueno, ¿qué te pareció?" El indio se detuvo por un momento antes de decir: "Gran viento. Fuerte trueno. No hay fuego"». Greg Haslam usa la anécdota en torno a su preocupación por el estado espiritual de nuestras iglesias y la urgente necesidad de encontrarse con Dios mediante el poder de la Palabra y el Espíritu.[11]

Predicar la Palabra ciertamente opera en un nivel horizontal, del predicador a la congregación, con el propósito de lograr la mutua edificación. Pero aprenderemos de Nehemías 8 que el propósito de compartir la Palabra es encontrarse con el Dios viviente. En Jerusalén

---

10.   N. del E.: En contraste con el término «piel roja» (que es despectivo), en español ya existe el término «amerindio» para las poblaciones originarias del continente americano, aunque en años recientes se ha empezado a usar el ambiguo término inglés *Native American* (nativo americano).

11.   Greg Haslam, ed., *Preach the Word! The Call and Challenge of Preaching Today* (Lancaster: Sovereign World, 2006), 250.

aquel día, los congregados elevaron sus manos en señal de adoración e inclinaron el rostro confesándose. Todos los ministerios de la Palabra, incluyendo la predicación, deberían hacer nacer en nosotros un entendimiento más profundo y una experiencia de Dios por medio de Cristo. La predicación debería ser el evento en el que Dios se acerca a nosotros, está presente y nos habla. Tal como aquel día extraordinario en Jerusalén, cuando compartimos la Biblia en nuestras iglesias y escuchamos la Palabra proclamada, realmente podemos encontrarnos con el Dios vivo.

Para la reflexión personal y estudio en grupo

Los primeros dirigentes cristianos sabían que incluso el ministerio cristiano legítimo puede distraer a uno del ministerio de la Palabra y la oración (Hch 6.1-4).

➢ ¿Cuáles son las cosas que pueden desplazar a la Biblia de su lugar central dentro de tu vida e iglesia?

➢ ¿Cómo podemos asegurarnos que la Biblia ocupe un lugar central en la vida de la iglesia?

➢ ¿Cómo podemos ayudar a las congregaciones a que entiendan la historia completa de la Biblia?

➢ ¿Cómo puede el tomar conciencia de la autoridad de las Escrituras cambiar nuestra actitud ante la tarea de la predicación?

Capítulo 2

La predicación bíblica debe orar la Palabra de Dios

Charles Spurgeon, el gran predicador bautista del siglo diecinueve, una vez utilizó una ilustración que me impactó profundamente y de muchas maneras. (A estas alturas, debo aclarar que debido al polio tengo una ligera discapacidad física). Habló del ministro que camina cojeando debido a piernas desiguales, porque «su oración es más corta que su predicación». Pocos predicadores entenderán el punto, porque la oración a menudo es el último paso antes de predicar, en lugar de ser el primero. Y en este capítulo, me gustaría utilizar el verbo «orar» para dar a entender algo mucho más profundo que una oración rápida, que pide la ayuda y la bendición del Señor. Más bien, la utilizaré para describir una actitud hacia las Escrituras, es decir, tener humildad delante del Señor, expectativa por oír su voz y una entrega deliberada para escuchar, pensar y orar mientras nos comprometemos de todo corazón con el pasaje frente a nosotros.

Si la predicación coloca a la Biblia en el centro, y si nuestra tarea es compartir su mensaje, entonces aquellos que predican deben entregarse de todo corazón a sumergirse en las Escrituras. Michael Quicke está en lo correcto cuando sugiere que el mandamiento de «amar a Dios con todo tu corazón, y con toda tu alma y con toda tu fuerza y con toda tu mente» también se aplica a nuestra relación con la Palabra de Dios. Escribe lo siguiente:

Tal entrega significa no solo saber acerca de las Escrituras, conocer su contenido, sino estar sumergido en su vida, atrapado por su poder, involucrado con su historia, y que sus palabras nos confronte. La relación de un predicador con las Escrituras es interactiva y necesita un vocabulario con palabra como:

sumergirse, escuchar, preguntar, visualizar, entrar, saborear, experimentar, amar y obedecer.[1]

No existen atajos. Muchas cosas se amontonarán y harán a un lado el estudio, la oración y la meditación que toda buena predicación necesita. No tengo ninguna duda de que todo esto será un desafío constante. Estoy consciente que a veces los pastores reciben críticas por estar encerrados en sus oficinas: «seis días invisible, un día incomprensible». Pero el estudio reflexivo y en oración es vital. Los apóstoles descubrieron que muchas cosas los distraían de la prioridad que tenían con la Palabra de Dios y con la oración (Hch 6.1-7), y de que necesitaban hacer cambios para asegurarse que sus prioridades realmente sean lo primero.

Pablo enfatiza la misma entrega en sus epístolas: «En tanto que llego, dedícate a la lectura pública de las Escrituras, y a enseñar y animar a los hermanos… Sé diligente en estos asuntos; entrégate de lleno a ellos, de modo que todos puedan ver que estás progresando. Ten cuidado de tu conducta y de tu enseñanza» (1Ti 4.13-16). La predicación bíblica requiere que nos sumerjamos, que leamos libros completos de la Biblia, que repasemos el pasaje que debemos predicar varias veces, que estudiemos diligentemente, que escuchemos en silencio, y pasemos tiempos de oración con el Señor, así como con su Palabra.

En este capítulo, estaremos explorando una disciplina esencial para todos los predicadores, y para todos los cristianos comprometidos con escuchar la Palabra de Dios. Se trata de orar la Palabra. Aprendí el valor de este enfoque por primera vez de creyentes en América Latina. Mi amigo y colega Igor Améstegui con frecuencia reunía a predicadores de varios países como parte del trabajo de Langham Predicación en el continente. La primera actividad en la mañana era orar la Palabra. Leíamos el pasaje que estudiaríamos ese día, y él nos dirigía en un tiempo de oración que consistía en cuatro pasos:

1) Leer para escuchar la voz de Dios
2) Estar en silencio para poder meditar
3) Imaginar para poder identificarnos con el texto
4) Orar para responder a Dios

---

1. Michael Quicke, *360-Degree Preaching* (Grand Rapids: Baker Academic, 2003), 38.

Este enfoque está fundado en la convicción fundamental que ya hemos subrayado: que el pasaje bíblico es la Palabra de Dios que tiene autoridad y en la que él continúa hablando. El hecho de escuchar silenciosamente y en meditación, identificándonos con el texto (y con las personas y situaciones que describe) y orando en respuesta, hace que todo el ejercicio se centre en el autor del pasaje, el propio Dios. Es un ejercicio teocéntrico.

Células y congregaciones

Desde entonces he utilizado esta práctica para tiempos personales de oración y como parte de mi preparación para la predicación, también en grupos pequeños y estudios bíblicos. Comenzamos leyendo el pasaje varias veces, utilizando varias traducciones, si están disponibles. Después dejamos un tiempo para la meditación y la reflexión. A continuación, repasamos el pasaje en secciones breves, pausando después de cada sección para permitir a dos o tres personas orar inspirados por los temas del pasaje. Se trata de una forma de leer que permite que la Palabra de Dios establezca la agenda, que realmente ingrese a nuestro torrente sanguíneo y nos lleve a la presencia de Dios. Merrill Tenney expresa muy bien el propósito de este tipo de lectura. Él define el estudio devocional de la Biblia como «no tanto una técnica sino una actitud o postura; la actitud entusiasta que busca la mente de Dios; es la actitud de humildad que escucha la voz de Dios; la actitud de aventura que busca seriamente la voluntad de Dios; la actitud de adoración que descansa en la presencia de Dios».[2] Es el punto de partida en el proceso de preparación para un sermón, así como una disciplina fundamental para que todos los discípulos cristianos puedan escuchar las Escrituras.

En la parábola de Jesús en Lucas 8, la palabra «oír» se usa nueve veces en los primeros veintiún versículos. Claro, que esto significa mucho más que simplemente escuchar palabras. «Oír» significa prestar atención con receptividad espiritual. El valor de estas simples disciplinas que he descrito anteriormente ha sido ampliamente reconocido en distintas tradiciones cristianas, pero siguiendo los objetivos de este capítulo, lo

---

2. Merrill C. Tenney, *Galatians: The Charter of Christian Liberty* (Grand Rapids: Eerdmans, 1950), 207–208. Merrill C. Tenney, *Gálatas: la carta de la libertad cristiana* (Barcelona: Editorial Clie, 1987).

resumiré simplemente con tres encabezados: escuchar con atención, reflexionar y orar con sinceridad.[3] Cuando estudiamos un pasaje de la Biblia, estos elementos van de la mano y deben llevarse a cabo, con lápiz en mano, al comenzar el proceso de sumergirnos en las Escrituras, y descubrir lo que dice y su significado.

Disciplinas que inspiran

1. Escuchar con atención

Todos sabemos que existen diferentes maneras de escuchar a los demás. Una vez estaba hablando con alguien que me preguntó sobre la salud de mi suegro. Le respondí que las cosas no iban muy bien, pero lamentablemente me pude dar cuenta que su mente estaba en otra parte. No respondió a lo que le acababa de decir y pasó directamente a pedirme algo que necesitaba. Fue decepcionante, pero a todos nos ha pasado: escuchamos palabras, pero en realidad estamos pensando lo que vamos a decir a continuación. Entra por un oído y sale por el otro. Pero qué pasa si una mañana, mientras despiertas al sonido de noticias en la radio, el locutor repentinamente interrumpe la programación para dar un mensaje pidiendo ayuda, y menciona tu nombre, sí, tú eres una de las personas que están tratando de encontrar por la salud de uno de tus parientes. No solamente escuchas, pero tu mente, todo en ti, absorbe el mensaje e inmediatamente haces algo al respecto.

> Dios es un Dios hablante, y un Dios hablante exige un pueblo oyente.

Dios es un Dios hablante, y un Dios hablante exige un pueblo oyente. Así que aquí viene una pregunta importante: ¿cómo están tus oídos, es decir, tu capacidad auditiva? Hebreos 3 es un texto donde escuchar la voz de Dios es una urgencia. Es un texto muy insistente:

---

3.   Para conocer más al respecto, ver mi capítulo "Usar la Biblia para la vida devocional", en *Versatilidad de la Biblia: para estudiar, enseñar y predicar* (Understanding and Using the Bible), eds. Christopher J. H. Wright y Jonathan Lamb (Lima: Ediciones Puma, 2015).

Por eso, como dice el Espíritu Santo:
«Si ustedes oyen hoy su voz,
no endurezcan el corazón». (Heb 3.7-8)

Y vuelve a insistir unos versículos más adelante:
Como se acaba de decir:
«Si ustedes oyen hoy su voz,
no endurezcan el corazón
como sucedió en la rebelión». (Heb 3.15)

Y por si no lo entendimos, repite lo mismo en el siguiente capítulo (Heb 4.7). Quizá una mejor pregunta no es: ¿cómo están tus oídos?, sino: ¿cómo está tu corazón?, ya que esta parece ser la preocupación central del autor. La clave de este pasaje tiene que ver con las distintas actitudes que podemos tener al escuchar el llamado de Dios, al responder a la Palabra: «Cuídense, hermanos, de que ninguno de ustedes tenga un corazón pecaminoso e incrédulo que los haga apartarse del Dios vivo» (Heb 3.12).

De hecho, las Escrituras fueron diseñadas para ser escuchadas, ya sea en las sinagogas o en las primeras asambleas cristianas y, creo yo, se tiene que hacer más para restablecer la lectura pública de la Biblia en las iglesias de hoy en día. Pero cultivar un corazón que escucha y responde es la esencia misma de una buena lectura de la Biblia. Estos días, claro está, la idea de esperar y escuchar va totalmente contra la cultura. En el Occidente, nos hemos vuelto adictos a la rapidez; demandamos que todo sea instantáneo. Vivimos en una época que, según Linda Stone, investigadora de Microsoft, ha denominado «atención parcial continua». Significa que mientras contestas un correo electrónico y hablas con tu hijo, tu móvil suena y comienzas otra conversación. Estás involucrado en un torrente continuo de interacciones, donde solo puedes concentrarte parcialmente en una de ellas. Pero encontrar la oportunidad de hacerse a un lado de la agitada distracción de nuestro mundo y nuestros corazones es un ingrediente vital para vivir una vida de fe. Sin embargo, no es fácil, ¿verdad?

El profeta Habacuc estaba distraído también. Mientras observaba a su sociedad, se sintió consternado por la corrupción y, peor aún, cuando vio cómo Dios actuaba en el mundo de su época, no encontró ningún sentido. La historia de este pequeño libro nos dice que lo más importante que Habacuc debe hacer es escuchar a la Palabra de Dios. Así que, después de todas sus interrogantes, los problemas y la confusión del capítulo 1, Habacuc escribe su nueva determinación:

> Me mantendré alerta,
> me apostaré en los terraplenes;
> estaré pendiente de lo que me diga,
> de su respuesta a mi reclamo. (Hab 2.1)

Necesitaba una visión clara de lo que estaba ocurriendo, una perspectiva restaurada. No quería distracciones, y entonces, subió por encima de la ciudad, lejos de los recordatorios diarios de violencia e injusticia, para escuchar la Palabra de Dios. «Me mantendré alerta... estaré pendiente de lo que me diga». Este versículo se aplica a la misma paradoja que expresó David Jackman en su consejo para los predicadores: «aprender a escuchar abriendo nuestros ojos es una de las habilidades claves que debe desarrollar el predicador bíblico».[4] El versículo nos da a entender una anticipación activa, perseverante y sincera de la Palabra de Dios, estas son cualidades importantes en nuestras propias vidas espirituales y en nuestras comunidades cristianas de hoy en día.

La expectativa que tenía Habacuc ese día en Jerusalén es la misma que vimos unos años después en Jerusalén, cuando Esdras se paró en la puerta del Agua y leyó del libro de la ley. Y en ese día (a diferencia de la Jerusalén de Habacuc), las personas estaban desesperadas por escuchar y obedecer. Su entusiasmo y expectativa se expresó en el hecho de que «Todo el pueblo estaba muy atento a la lectura del libro de la ley» (Neh 8.3). Todos se pusieron de pie cuando abrieron la ley, esperando escuchar la Palabra del Señor (Neh 8.5). Tenemos que asegurarnos que esta actitud para escuchar sea parte integral de la vida de la iglesia, de nuestro discipulado diario y de nuestra preparación para predicar. Pareciera que la razón principal de nuestros sentimientos de sequedad o adormecimiento espiritual es que hemos dejado de escuchar realmente a Dios, y esto es lo que realmente está detrás de una predicación pobre. Escuchar debería suceder siempre antes de hablar.

---

4. David Jackman, en Philip Ryken, ed., *Preach the Word* (Wheaton: Crossway, 2007), 13.

Uno de los cánticos de Isaías describe la relación del siervo del Señor con Dios y su Palabra.

> El Señor omnipotente me ha concedido
> tener una lengua instruida,
> para sostener con mi palabra al fatigado.
> Todas las mañanas me despierta,
> y también me despierta el oído,
> para que escuche como los discípulos.
> El Señor omnipotente me ha abierto los oídos,
> y no he sido rebelde ni me he vuelto atrás. (Is 50.4-5)

El siervo aprende a escuchar antes de hablar. Se trata de una disciplina diaria de escuchar a Dios antes de hablar en nombre de él, una actitud que es básica de toda predicación y para todos sus verdaderos discípulos.

Pero parece ser una cualidad poco común. Muy a menudo nos impulsa una mentalidad activista que tiene poco tiempo para escuchar, o nos acercamos a la Biblia para soluciones rápidas y respuestas sencillas. Los predicadores frecuentemente sienten pánico el sábado por la noche y repasan el pasaje con urgencia, buscando algo que decir al día siguiente. Pero podemos educar nuestro oído; si nos esforzamos, podemos mejorar.

Una recomendación práctica es aprender a leer pausadamente. Se cuenta la historia de Sidney Piddington, que estuvo recluido tres años en un campo japonés para prisioneros de guerra en Singapur, con acceso muy limitado a material de lectura. Mientras estuvo allí, descubrió «la alegría especial que ofrece la lectura súper lenta»; se detenía en cada página y se adentraba en la experiencia descrita por el autor. Como Eugene Peterson nos recuerda, la primera parábola de Jesús en cada uno de los evangelios sinópticos enfatiza el carácter central de la Palabra de Dios en nuestras vidas; «no se trata de leer, sino de escuchar: "El que tenga oídos, que oiga" (comp. Mt 13.3-9; Mr 4. 3-9; Lc 8.5-8)». Peterson continua: «El remate final de cada uno de los sermones de Juan de Patmos a las siete iglesias es similar: "El que tenga oídos, que oiga lo que el Espíritu dice a las iglesias". (Ap 2.7, 11, 17, 29; 3.6, 13, 22)».[5]

---

5.   Eugene H. Peterson, *Eat This Book: A Conversation in the Art of Spiritual Reading* (Londres: Hodder & Stoughton, 2006), 87. Eugene H. Peterson, *Cómete este libro* (Miami: Editorial Patmos, 2011).

2. Pensamiento reflexivo

Hay una segunda disciplina que debemos practicar, otra vez más con el pasaje bíblico abierto y con una disposición continua a escuchar bajo la presencia de Dios. Esto tradicionalmente se conoce como «meditación», pero la palabra sufre de estereotipos poco útiles que pueden conducirnos a errores peligrosos. Algunos imaginan que la meditación significa que necesitamos vaciarnos a nosotros mismos, pero la meditación cristiana es, de hecho, todo lo contrario. No se trata de vaciar nuestras mentes, sino de enfocarnos por completo en Dios según se ha revelado en su Palabra. Mientras tratamos de entender el significado y mensaje del texto, no es mala idea tener un cuaderno y un lapicero a la mano. Si somos predicadores, esto nos ayudará a anotar nuestras primeras ideas que luego darán forma a la predicación del pasaje.

Una de las secciones más educativas de la Biblia sobre este tema es el salmo 119. Este salmo demuestra cuán importante es el pensamiento reflexivo, tanto en su estructura como contenido.

> ¡Cuánto amo yo tu ley!
> Todo el día medito en ella.
> ¡Cuán dulces son a mi paladar tus palabras!
> ¡Son más dulces que la miel a mi boca! (Sal 119.97, 103)

Aquí hay una secuencia que vale la pena señalar. En el versículo 97, el salmista describe que se deleita en la ley como parte de la Palabra de Dios («ley» es una de las ocho palabras distintas que el salmista utiliza para la Palabra de Dios). Pero como Chris Wright lo ha mencionado en su exposición del salmo 119, para que el corazón ame la Palabra de Dios, la mente tiene que pensar en ella, y el corazón la tiene que retener. El Salmo 119 no fue diseñado para leerse rápidamente. Así que «Todo el día medito en ella» «porque me pertenecen para siempre». Estos versículos dan a entender que la enseñanza del Señor verdaderamente se ha hecho parte de el salmista. Lo expresa así al principio del salmo:

> En mi corazón atesoro tus dichos
> para no pecar contra ti...
> En tus preceptos medito,
> y pongo mis ojos en tus sendas.

> En tus decretos hallo mi deleite,
> y jamás olvidaré tu palabra. (Sal 119.11, 15-16).

En el Antiguo Testamento, el corazón es la fuente o sede del pensamiento. Pensar es ardua labor, y en el Nuevo Testamento, Pablo exhorta a Timoteo a ser diligente y que interprete correctamente la Palabra (2Ti 2.15). Y es lo mismo en este salmo. Leer la Biblia exige pensar reflexivamente y requiere que meditemos en el texto. Puede que a menudo necesitemos reflexionar arduamente y por bastante tiempo, mientras pensamos en el significado de un pasaje a lo largo del día, en medio de otros deberes. Aquí es donde el salmista enfatiza el «guardar» las Escrituras como parte de esta disciplina.

Cuando era niño, se me animaba a memorizar secciones de la Biblia, disciplina a la que estoy muy agradecido, pero que hoy en día casi ha desaparecido (quizá se deba a la existencia de tantas traducciones bíblicas que ahora están disponibles). Como estudiante, llevaba en mis bolsillos una serie de tarjetas donde escribía pasajes bíblicos. Eran pedacitos de verdad que se incrustaron en mi corazón y en mi mente. Ojalá hubiera podido memorizar más. Este tipo de pensamiento reflexivo puede ser descrito con palabras como: «degustación», «saborear», «masticar», «rumiar». A menudo, toma cierto esfuerzo antes de que el pasaje bíblico nos nutra. John Stott habló de la tarea de leer un pasaje bíblico de esta manera: «Saborea tu texto, como una abeja la flor de primavera, o como un colibrí que busca una flor de hibisco por su néctar. Inquiétate por ello como un perro con su hueso. Chúpalo como un niño chupa una naranja. Mastícalo como una vaca mastica el bolo».[6]

Me pregunto hasta qué punto seguimos el ejemplo del salmista. El peligro es que adoptemos la mentalidad de nuestra cultura global occidentalizada, que se especializa en la brevedad y vive de comida rápida. En nuestro mundo, muchas cosas se están reduciendo y miniaturizando.

Un dirigente de la iglesia en Canterbury ha reducido la Biblia a cincuenta y siete páginas que, como dijo un crítico, «los que tienen prisa por nacer de nuevo pueden embutirse su contenido en 100 minutos». También en Australia existe la Biblia SMS: 31,713 versículos en mensajes de texto cortos que puedes enviar a tus amigos. Pero como sabemos, todos los cristianos, especialmente los predicadores, deben relacionarse

---

6. Stott, *I Believe in Preaching*, 220.

con la Palabra de Dios, desarrollando disciplinas básicas como escuchar, pensar, rumiar, memorizar, meditar. Como consecuencia, esto significa que nuestra lectura es constante, y que la Palabra de Dios se mantiene en nuestros corazones y mentes (Dt 6.6-9; Pr 3.21-24; 6.22).

Por medio de este pensamiento reflexivo, ingresamos al texto y el texto ingresa en nosotros. Realmente lo estamos llevando al corazón, lo digerimos y absorbemos, tal como Jeremías, Ezequiel y Juan gráficamente expresaron la manera como cada uno de ellos asimilaron la Palabra de Dios, de tal manera que se convirtió en parte de ellos. «Al encontrarme con tus palabras, yo las devoraba; ellas eran mi gozo y la alegría de mi corazón» (Jer 15.16); «Luego me dijo: "Hijo de hombre, cómete el rollo que te estoy dando hasta que te sacies". Y yo me lo comí, y era tan dulce como la miel» (Ez 3.3); «Me acerqué al ángel y le pedí que me diera el rollo. Él me dijo: "Tómalo y cómetelo. Te amargará las entrañas, pero en la boca te sabrá dulce como la miel"» (Ap 10.9).

3. Oración sincera

El tercer elemento es una respuesta. No debemos percibir cada una de estas disciplinas como si estuvieran en secuencia lineal, porque con frecuencia se traslaparán de múltiples maneras. Nuestra respuesta a la Palabra será probablemente continua, no simplemente en la «etapa 3». Una parte de la lectura tiene que ver con la oración sincera: nos involucramos con lo que escuchamos cuando oramos el pasaje. Tiene sentido porque leer la Biblia es un acto relacional y por lo tanto es conversacional. Demanda nuestra participación con el propio autor. Jim Packer una vez preguntó: « ¿Cómo podemos convertir nuestro conocimiento acerca de Dios en conocimiento de Dios?[7] La regla para hacer esto es exigente pero sencilla. Es convertir cada verdad que aprendamos acerca de Dios en algo para meditar delante de él, lo cual causa que oremos y le ofrezcamos alabanzas».[8]

---

7. N. del E.: El texto inglés ofrece un contraste entre las frases *knowledge about God* y *knowledge of God*, que en el idioma inglés funciona a la perfección, no así en español, donde ambas frases son prácticamente sinónimas debido a sus preposiciones correspondientes. Para establecer el contraste en español, se debe explicar el sentido de las frases donde *about* indica «aproximación o cercanía» y *of* indica «pertenencia u origen».

8. J. I. Packer, *Knowing God* (Londres: Hodder & Stoughton, 1973), 18. J. I. Packer, *Hacia el conocimiento de Dios* (Miami: Unilit-Logoi, 1997), 18.

No es inusual escuchar a cristianos decir que, antes de su conversión a Cristo, la Biblia era un libro cerrado. Al llegar a la fe, comenzaron a descubrir sus riquezas, y esto porque se trata de una relación con Dios. Si te paras delante de una iglesia y miras sus vitrales, no verás nada de su rico color y diseño. Solo puedes ver su color y belleza si miras a los vitrales desde adentro. O, si estas leyendo un mapa, es probable que lo entiendas, una vez que estés en camino. De la misma manera, para que realmente te compenetres con el texto bíblico, se necesita estar adentro, estar en camino, conocer al autor. Este fue el asunto central que llevó a Tyndale a plantearse correctamente que incluso un agricultor que lee la Biblia sabe más de Dios que el académico religioso más instruido que ignora a su autor. Todo tiene que ver con la relación que uno tiene con Dios, y leer sus páginas debería ser la puerta hacia la presencia de Dios y por lo tanto el mejor estímulo para conversar con él. Una vez más, el salmo 119 nos sirve de ayuda, ya que es una oración de principio a fin.

Su sentido básico consiste en un llamado a la comprensión:

> Tengo más discernimiento que todos mis maestros
> porque medito en tus estatutos.
> Tengo más entendimiento que los ancianos
> porque obedezco tus preceptos. (Sal 119.99-100)

La oración favorita del salmista es pedir entendimiento. Anhela la instrucción del Señor, y reconoce que la Palabra de Dios es la sabiduría que importa, y que sin esa iluminación, está perdido. Si Dios es la fuente de toda sabiduría, y si Dios revela su sabiduría en su Palabra y por medio de su Hijo, entonces esta forma de orar-y-leer debe ser una prioridad. Dios es el que nos instruye, el que abre nuestros ojos (Sal 119.102). Pablo dice lo mismo: « ¿Dónde está el sabio? ¿Dónde está el erudito? ¿Dónde está el filósofo de esta época?… exponemos el misterio de la sabiduría de Dios… Dios nos ha revelado esto por medio de su Espíritu» (1Co 1.20; 2.7, 10). Dios es el que nos ilumina (Ef 3.16-19).

Con la Palabra en nuestros corazones y mentes, y el Espíritu junto a nosotros, la oración sincera tendrá una variedad de elementos. Será, a veces, una expresión honesta de nuestra dificultad para entender, o para entrar en la presencia de Dios; otras veces será una petición urgente por su ayuda; a menudo será una respuesta de adoración o alabanza, puesto que no solo nos estamos relacionando con el texto, sino con el Dios que ha hablado esa Palabra. Ese es el tipo de lectura de la Biblia que realmente importa, puesto que nos llama a una relación con el Dios viviente. El tiempo dedicado a esta manera de orar es esencial si realmente queremos entender su significado y mensaje. No debemos todavía abrir comentarios bíblicos ni haber estudiado cada detalle, pero debemos humildemente y diligentemente abrir nuestros corazones y mentes, para buscar no solamente el mensaje, sino también al propio autor.

Esta es la tarea de toda la iglesia, no solo del predicador. Una lectura con oración y expectativa de la Palabra de Dios es central para la alabanza cristiana, como lo veremos después. Y orar la Palabra es el cimiento básico para la preparación de nuestros sermones.

John Stott compartió una vez un elemento de su preparación, lo cual quizá explica en parte la efectividad de su predicación.

> Me he dado cuenta que siempre me ha sido útil prepararme para mis sermones orando de rodillas, con la Biblia abierta frente a mí, y estudiándola con una actitud de oración. Esto no es porque sea un bibliólatra y que le rindo culto a la Biblia, más bien le rindo culto al Dios de la Biblia y deseo humillarme delante de él y de su revelación. Incluso cuando entrego mi mente al estudio del texto, oro fervientemente para que mi corazón sea iluminado.[9]

---

9. Stott, *I Believe in Preaching*, 222.

Para la reflexión personal y estudio en grupo

Sugerimos que una disciplina importante es leer pausadamente. ¡Dedica tiempo a leer todo el salmo 119, un salmo que no fue diseñado para leerse a la carrera! Saborea los temas, ora a medida que avanzas y toma nota de tus pensamientos en torno a los temas y aplicaciones para tu vida y ministerio.

➤ ¿Cómo puedes asegurarte que, en tu preparación para predicar, tienes suficiente espacio para esta primera etapa de «orar la Palabra»? ¿Cuáles son los obstáculos en tu vida que no te permiten realmente escuchar, reflexionar y orar?

➤ Si estas en un grupo, selecciona algunos pasajes que puedan utilizar juntos para «orar la Palabra». Anteriormente mencionamos los cuatro pasos para orar la Palabra.

1. Leer para escuchar la voz de Dios
2. Estar en silencio para poder meditar
3. Imaginar para poder identificarnos con el texto
4. Orar para responder a Dios

Capítulo 3

La predicación bíblica debe entender la Palabra de Dios

«La exégesis es amar a Dios lo suficiente
como para detenerse y escuchar atentamente
lo que él dice». Eugene Peterson[1]

Esta es una buena perspectiva sobre cómo debemos estudiar la Palabra. La exégesis es lograr entender las palabras, ideas y significados de un pasaje, y lo que nos señala Peterson es que esa manera de estudiar no consiste en la búsqueda aburrida de jerga técnica, sino buscar el encuentro con Dios y escuchar su voz. Visto de esta manera, la tarea de entender la Palabra de Dios es exigente pero es realmente una tarea que produce gozo y satisfacción.

Una compañía cristiana de software anunció el lanzamiento de un CD lleno de materiales para estudiar la Biblia. Si bien este material es útil, la frase en el anuncio de ventas fue decepcionante: «Menos tiempo para estudiar, más tiempo para vivir». Un tanto manipuladora tal vez, y ciertamente engañosa, ya que sugiere que el tiempo de estudio debe reducirse.

Para resumir: la Palabra de Dios debe ocupar el lugar central en nuestras vidas, nuestras iglesias y en nuestra predicación (capítulo 1); es importante orar la Palabra, sumergirnos en las Escriturar para poder escuchar la voz de Dios (capítulo 2). Ahora enfoquémonos en la tarea de entender el mensaje de la Palabra de Dios.

Esdras juega un papel central en la historia de Nehemías 8. Era un gran maestro que combinaba tres disciplinas clave: «Esdras se había dedicado por completo a estudiar la ley del Señor, a ponerla en práctica y a enseñar sus preceptos y normas a los israelitas» (Esd 7.10). El versículo encierra una maravillosa trilogía: Esdras se dedicó

---

1. Peterson, *Eat This Book*, 55.

a estudiar, observar y enseñar. En el capítulo 7, exploraremos la dedicación a observar u obedecer la Palabra. Pero Esdras no hubiera podido enseñar esta Palabra a la congregación en Jerusalén sin antes dedicarse primeramente a su estudio minucioso. El mismo énfasis se ve en el consejo de Pablo a Timoteo. Sus instrucciones al joven líder, incluyen un llamado a ser responsable cuando estudie las Escrituras: «Encarga y enseña estas cosas… dedícate a la lectura pública de las Escrituras, y a enseñar y animar a los hermanos. Ejercita el don… Sé diligente en estos asuntos; entrégate de lleno a ellos, de modo que todos puedan ver que estás progresando. Persevera en todo ello…» (1Ti 4.11-16). La manera en que Timoteo entendía la frase «estas cosas», la cual aparece ocho veces en la epístola, resume las instrucciones que Pablo le dio a Timoteo, y que debía compartir con la iglesia en Éfeso. Es decir, Timoteo debía compartir las enseñanzas de Pablo, por lo tanto, era de vital importancia que Timoteo entendiera «estas cosas». El papel de dirigente responsable de la iglesia exigía que se enfocara diligentemente en la lectura y estudio de las Escrituras y en enseñar cuidadosamente la instrucción apostólica.

Esta manera de estudiar diligentemente la Biblia de hecho no contradice la meditación combinada con la oración que habíamos resaltado en el capítulo anterior. Ambas van de la mano. Nuestro entendimiento de la Palabra de Dios depende de la iluminación de su Espíritu. Por esta razón, Pablo animó a Timoteo a que reflexione «en lo que te digo», lo cual exige meditar con atención, «y el Señor te dará una mayor comprensión de todo esto», lo cual exige depender de la oración (2Ti 2.7).

Muchas iglesias hacen hincapié en ofrecer «reseñas de la Biblia» para sus congregaciones. Este esfuerzo debe ser bienvenido en una época en la que hay tanto desconocimiento de la Biblia. Inicialmente, sería bueno tener una mirada macroscópica, es decir, leer toda la Biblia para poder entender su historia en conjunto. Como veremos, es esencial para los que son predicadores, entender un pasaje bíblico especifico a partir del lugar que ocupa dentro de toda la Biblia, así que como disciplina fundamental debemos comprometernos a leer la Biblia de manera panorámica, entendiéndola en toda su dimensión. Algunos de nosotros ya nos habremos beneficiado enormemente con el plan diario de lectura de la Biblia que diseñó Robert Murray McCheyne, el cual nos permite leer toda la Biblia en un año (o durante un período más prolongado si es más adecuado).[2]

Una vez visité el norte de la India, para asistir a una reunión de mil sembradores de iglesias. Se reunían durante una semana una vez al mes, y se dedicaban al estudio de un libro de la Biblia. Mes tras mes, estudiaban diferentes secciones de las Escrituras, y mientras estuve con ellos se dedicaron a estudiar el libro de los Hechos. Dada la tremenda inversión de tiempo, es decir, una semana al mes, apartados de su ritmo normal de trabajo en la plantación de iglesias, con todos los gastos relacionados a los viáticos, pregunté a los dirigentes por qué fomentaban tal compromiso. Respondieron explicándome que la mayoría de los dirigentes eran conversos que habían dejado el hinduismo, así que tenían una cosmovisión hindú. Ahora que eran creyentes cristianos y estaban formando comunidades cristianas, era fundamental que tuvieran una cosmovisión bíblica y que enseñen a sus comunidades recientemente formadas la verdad de las Escrituras desde Génesis a Apocalipsis. Entonces, me di cuenta que tal enfoque era igual de necesario en mi propia cultura occidental que en los pueblos de Uttar Pradesh. Se necesita algo así a nivel mundial. Y es algo que cada predicador bíblico necesita hoy en día.

Crecer en entendimiento

Entender las Escrituras es fundamental para la vida cristiana, y es un viaje de descubrimiento que durará toda nuestra vida y nos producirá alegría. Hablaremos de esto brevemente, pero comenzaremos con un entendimiento básico de la naturaleza de la Biblia misma, antes de pasar a la tarea más detallada en torno a cómo entender específicamente un pasaje bíblico. Y terminaremos el capítulo recordando lo valioso que es entender la Palabra de Dios en comunidad, y no en aislamiento.

---

2. Ver también John Stott, *Toda la Biblia en un año* (Buenos Aires: Certeza Argentina, 2013).

1. Entender la Biblia

Una característica particular de la Biblia es su doble autoría. La Biblia es la Palabra de Dios, que tiene autoridad y poder. Pero, a lo largo del dominio de ese único autor, el mismísimo Dios, ha habido muchos autores humanos provenientes de muchas culturas y contextos, y que han dado forma al libro que ahora tenemos en nuestras manos. Esto presenta de inmediato un reto para los lectores de hoy, ya que esta gran variedad de autores humanos pertenecía a una variedad igualmente amplia de culturas y contextos, los cuales son «extraños» para nosotros.

Hace un tiempo atrás, disfruté leyendo la descripción de J. B. Priestley sobre su visita a una iglesia no conformista[3] de Birmingham, muchos años después que asistiera cuando era niño. Claramente sufrió un choque cultural. «Me di cuenta qué extraño era que esos apacibles habitantes de las Tierras Medias… emergieran cada domingo en la mañana de esas silenciosas y grises calles, para reunirse a escuchar con suma atención esas silvestres historias del Medio Oriente». Era como si hubiera ingresado a otro mundo. Su descripción del culto esa mañana nos cuenta el desconcierto que muchas personas experimentan cuando leen la Biblia:

> Se sentaron, e inclinando las cabezas, escuchaban los relatos sobre una antigua y terriblemente salvaje guerra entre tribus, de la lujuria y el orgullo de jefes con nariz aguileña y barbas azabache, de sacrificios y masacres en los deslumbrantes desiertos del Cercano Oriente. Luego, entonaban juntos cantos de esperanza por la inmortalidad, que ocurriría en ciudades edificadas con ardientes joyas, fuentes de leche y cascadas de miel, donde los reyes tocarían arpas mientras que las doncellas lo harían con címbalos; y nadie podía evitar preguntarse qué haría esta gente si realmente se encontraran alojados para siempre en ese mundo de poetas religiosos del Oriente. En resumidas cuentas, ¿qué tenían que hacer estos

---

3. N. del E.: En la historia inglesa del siglo XVI, las congregaciones no conformistas eran grupos de disidentes que habían sido parte de la Iglesia de Inglaterra, pero que negaban ceñirse a los estatutos y doctrinas de dicha iglesia. Prácticamente casi todas las iglesias evangélicas del día de hoy (en Latinoamérica y en el resto del mundo, incluyendo los Estados Unidos) descienden de esos grupos no conformistas.

austeros habitantes de esta isla del Atlántico norte con todo ese asunto oriental? ¿Cuál era la razón? ¿Qué significaba todo esto para ellos?[4]

Se trata de una pregunta importante. Si le vamos a dar sentido a los pasajes de la Biblia, debemos actuar con sabiduría y recordar varios hechos importantes sobre su naturaleza.

a. *La Biblia es una biblioteca*

La Biblia está compuesta por diferentes tipos de literatura, es decir, «géneros» literarios. Así que cuando comenzamos con la tarea de entender un pasaje bíblico, necesitamos primeramente preguntarnos qué tipo de literatura es. Hacemos esto a diario y de manera natural. Por ejemplo, cuando vemos un anuncio sobre pasta de dientes, sabemos que tiene un propósito específico. Su fin es persuadirnos a que compremos el producto, así que debemos «leerlo» con precaución y tener presente que desea manipularnos. Por otra parte, cuando estoy de viaje y recibo un correo electrónico de mi esposa, sé que ella me dice la verdad. El folleto que describe la campaña de un político, pertenece a otra categoría. Lo mismo sucede con un poema, una novela o el horario del autobús. Todos ellos son tipos de literatura muy distintos, e instintivamente los leemos según el género al que pertenecen.

Lo mismo debemos aprender cuando nos encontramos con las distintas partes de la biblioteca bíblica. Hay *narrativa*, con una trama de eventos y personajes. Gran parte de las Escrituras es narrativa. Hay *poesía*, con sus estilos característicos y sus imágenes que nos cautivan. Hay *profecía*, que debe leerse con cuidado a la luz de su contexto inmediato, así como su posterior cumplimiento. Están los textos *sapienciales*, estilo de escritura que ofrece reflexiones sobre preguntas difíciles y preocupaciones practicas del diario vivir. Están los *evangelios*, que es una especie de escritura narrativa, pero con un claro enfoque en la persona de Cristo y con temas teológicos específicos. Y están las *epístolas*, escritas para ayudar a congregaciones jóvenes a que puedan enfrentar los desafíos del crecimiento y las oportunidades misioneras. Y finalmente, el género *apocalíptico*, tal como partes del libro de Daniel y el Apocalipsis, escritos

---

4. J. B. Priestley, *English Journey* (Londres: Penguin, 1977), 106-107.

a partir de símbolos e imágenes, pero con la intención de abordar asuntos profundos sobre los propósitos finales de Dios.

En cada caso, tenemos que estar conscientes que estamos escuchando una conversación entre el autor de la Biblia y sus primeros oyentes, así que debemos identificar e interpretar correctamente el tipo de discurso que utilizaron. Se trata de un tema bastante extenso y no pretendo comentar detalladamente al respecto. Pero, hay muchos libros excelentes que explican los distintos tipos de literatura bíblica, y cómo impactan la manera en que entendemos su significado y predicamos su mensaje.

b. La Biblia es historia

Claro que la Biblia es historia, un relato sobre la relación de Dios con la raza humana, e incluye muchos otros relatos más. Originalmente, fueron extractos «cotidianos» de comunicación humana. Parte del reto y alegría de poder entender estos pasajes es que estamos escuchando solo un lado de la conversación. Es como si oyéramos a alguien que está teniendo una emotiva conversación telefónica: solo podemos tratar de entender lo que se dice suponiendo lo que cada persona dice. Y cuando leemos la Biblia, significa que debemos construir una imagen del contexto del autor y sus primeros «oyentes». Un principio clave para lograr entender y predicar la Biblia es reconocer que su mensaje solamente puede ser nuestro cuando hayamos permitido que sea totalmente de ellos. Así que, debemos meternos en sus pellejos o ponernos en sus sandalias, por decirlo así, e imaginarnos estar en su situación.

Tengo un amigo cuyo padre practica un régimen de ejercicios muy estricto, trotando cada día para mantenerse en forma. Recientemente le dijo a su hijo que era saludable hacer esto, y que debería hacer lo mismo. Mi amigo respondió diciéndole que eso no era bíblico, parafraseando Proverbios 28.1, «el malvado corre, aunque nadie lo persiga».

Nos podemos reír, pero esto demuestra un punto muy importante: ¡Se puede hacer que la Biblia diga todo lo que uno quiera! Así que la disciplina de entender el contexto original tiene que ser el primer paso para entender el significado y mensaje del pasaje bíblico. Como a menudo enseñamos en los programas de Langham Predicación alrededor del mundo: No preguntamos, ¿qué significa este texto para mí el día de hoy? sin antes haber comprendido de la mejor manera posible ¿qué significó este texto para ellos? Vamos a retomar esto dentro de poco.

c. La Biblia es una unidad

El hecho de que la Biblia sea el trabajo de un solo autor divino significa que es una unidad. A pesar de la gran diversidad de autores humanos, leemos las Escrituras esperando armonía y consistencia, esperando que la historia de la Biblia sea una. Una vez más, este es un tema lleno de información a explorar, pero vale la pena recordar ciertas conclusiones. En particular, veremos en el capítulo 11 que hay un enfoque central en Cristo, la persona que unifica toda interpretación cristiana de la Biblia. Aprenderemos a interpretar un pasaje bíblico a partir de otro con un tema similar, especialmente cuando son temas difíciles que requieren de mayor explicación. Y tenemos que entender cómo cada parte de la Biblia se relaciona con la historia bíblica, la gran narrativa de los propósitos de Dios, que las Escrituras explican de manera elocuente a partir de la creación, luego la caída, la redención y la nueva creación.

2. Entender un pasaje bíblico

Una manera útil de estudiar un pasaje bíblico es utilizar una tabla sencilla, tal como aparece en la siguiente página. La tabla introduce tres áreas de estudio importantes: entender un pasaje según su contexto, entender un pasaje en detalle y entender un pasaje en relación con el resto de la Biblia. Diseñé esta tabla por primera vez después de leer el trabajo de Alan Stibbs[5] y a menudo la utilizo como una tabla sencilla mientras empiezo a trabajar en un pasaje bíblico (también hay un ejemplo en el Apéndice 2).

---

5.   Las tres obras de Alan Stibbs sobre el manejo de las Escrituras, han sido reimpresas bajo el título *Understanding, Expounding & Obeying God's Word: The Alan Stibbs Trilogy* (Milton Keynes: Authentic Media, 2009).

A. Entender un pasaje según su contexto		
Género literario	Autor, situación, personajes	Propósito del autor
B. Entender un pasaje en detalle		
Palabras, personajes, repeticiones, enlaces	Divisiones	Tema central
C. Entender un pasaje en relación con toda la Biblia		

Según la tabla, hay tres áreas centrales para explorar, e ilustraremos este proceso trabajando con un breve pasaje del Antiguo Testamento. He elegido las últimas palabras de la profecía de Habacuc:

> Al oírlo, se estremecieron mis entrañas;
> a su voz, me temblaron los labios;
> la carcoma me caló en los huesos,
> y se me aflojaron las piernas.
> Pero yo espero con paciencia
> el día en que la calamidad
> vendrá sobre la nación que nos invade.
> Aunque la higuera no florezca,
> ni haya frutos en las vides;
> aunque falle la cosecha del olivo,
> y los campos no produzcan alimentos;
> aunque en el aprisco no haya ovejas,
> ni ganado alguno en los establos;
> aun así, yo me regocijaré en el Señor,
> ¡me alegraré en Dios, mi libertador!

El Señor omnipotente es mi fuerza;
da a mis pies la ligereza de una gacela
y me hace caminar por las alturas.
(Hab 3.16-19)

a. Entender el pasaje según su contexto

El primer paso para leer un pasaje bíblico es entender su contexto original. ¿Qué tipo de literatura es? ¿Quién fue el autor? ¿Cuál fue su situación, y a quién escribió? Y, en particular, ¿cuál fue la razón por la que escribió? Así que, nuestro propósito es viajar de nuevo a Jerusalén a la época de Nehemías, o a Corinto en el primer siglo, para poder entender el pasaje según su contexto cultural, antes de trasladar el mensaje a un contexto contemporáneo.

Nuestro ejemplo de Habacuc 3 proviene de una sección muy popular de una profecía poco conocida. Si un predicador se anima a consultar este libro, lo hace generalmente para citar esta extraordinaria doxología con la que Habacuc concluye su profecía. Es sin lugar a duda una de las secciones más hermosas del Antiguo Testamento, pero es común que se predique de ella sin darle mucha importancia a su contexto. Así que, aquí están las preguntas:

> *¿Qué tipo de literatura es?* Primeramente, podríamos responder que es profecía, ya que todo el libro representa el oráculo o la carga que Habacuc recibió del Señor (Hab 1.1). Pero también podemos ver el estilo poético de este pequeño pasaje, e igualmente notamos la frase con la que concluye el versículo 19: «Sobre instrumentos de cuerda». Nos damos cuenta que se trata de un canto. Es una expresión para el culto, pero que se canta en una situación excepcional.

> *¿Y qué sabemos del autor y su situación?* Para predicar sobre este pasaje, es necesario que leamos todo el libro. A partir de su primer capítulo, nos damos cuenta rápidamente que Habacuc está desconcertado por el colapso moral y espiritual que observa entre su propio pueblo en Jerusalén. Y para colmo, cuando ruega que

Dios intervenga, parece que la situación empeora: el Señor envía a los despiadados babilonios a destruir su ciudad y llevarse a su pueblo. Esta breve profecía describe la travesía de Habacuc, desde las ansiosas preguntas en torno a por qué Dios ha permitido que haya un decaimiento espiritual tan terrible (Hab 1), a la silenciosa espera de su revelación (Hab 2.1-5), a los repetidos lamentos de juicio sobre los invasores y sobre todas las naciones, incluida la suya propia, que se apartan de los caminos del Señor (2.6-20), y a la extraordinaria perspectiva de las obras de Dios en la historia de salvación (3.1-15). Así que, los últimos cuatro versículos de la profecía, que a menudo se citan o cantan en los cultos, en realidad surgen de una extraordinaria serie de eventos que sacudieron a una nación, y también a Habacuc.

Por lo tanto, *¿a qué conclusión podemos llegar en torno al propósito de Dios?* El libro ocupa un lugar adecuado en las Escrituras, debido a su máxima expresión de que el Señor es soberano y está en control de los acontecimientos de la historia y las vidas de su pueblo. Pero antes de poder predicar sobre esta doxología, necesitamos examinar a fondo el pasaje. A continuación ofrecemos un resumen de la primera etapa: entender el pasaje según su contexto.

Entender el pasaje según su contexto		
Género literario	Autor, situación, personajes	Propósito del autor
Profecía Poesía Un canto	Habacuc Jerusalén a finales del siglo siete antes de Cristo En los tiempos de la invasión babilónica	Descubrir los propósitos soberanos de Dios en el mundo, incluso en medio del colapso de su pueblo.

b. Entender el pasaje en detalle

Ahora trabajaremos con una serie de preguntas básicas para descubrir los detalles: ¿Hay ideas o palabras importantes que nos puedan ayudar a entender mejor el pasaje? ¿Hay imágenes o metáforas? ¿Hay relación alguna entre ideas? ¿Hay repetición de temas o palabras, o personajes particulares o ilustraciones? Etcétera… Para lograr un entendimiento más profundo del texto, es recomendable leer un pasaje bíblico utilizando nuestros sentidos, tratar de vivir la historia, utilizar nuestra imaginación, pero permitiendo que el texto nos discipline. David Day nos ofrece un ejemplo a partir del relato dramático de Isaías 6.1-13, cuando el propio Isaías entra al templo y se encuentra con Dios: «¿Qué estoy escuchando en esta escena? ¿O que estoy viendo, oliendo, tocando, probando? Se siente como un terremoto, huele a carne quemada».[6] De este modo, podemos experimentar más eficazmente el estado de ánimo del pasaje. Dada la gama de estados de ánimo y experiencias del pasaje, también deberíamos utilizar nuestros sentidos a la hora de leer Habacuc 3.16-19.

Queremos entender el estilo de escritura, y qué clase de oraciones gramaticales contiene, ya sean órdenes, preguntas o exclamaciones. Entonces, tendremos que examinar las unidades de pensamiento y los párrafos, las unidades naturales de texto en las que aparece o se desarrolla un punto singular. Muchos predicadores encuentran útil continuar interrogando al pasaje, ¿qué es lo que se dice y por qué? y luego escriben resúmenes de contenido y propósito para cada párrafo. Es especialmente útil examinar el flujo de ideas de una oración gramatical a la otra, ya que esto nos ayuda gradualmente a entender su posible estructura, trama o argumento.

En el caso de Habacuc 3.16-19, tengo varias anotaciones:

¿Hay algunas palabras que sobresalen?

Versículo 16. «Se me *aflojaron* las piernas». ¿Por qué da a conocer este estado de ánimo en el versículo 16? ¿Quizá por la visión de Dios en los versículos anteriores? Pero también leemos en el versículo 16 un comentario sobre «la nación que nos invade», y sabemos por el capítulo 1 que se trata del ejército invasor babilonio que Dios está enviando

---

6. Day, *A Preaching Workbook*, 31.

para juzgar a su propio pueblo. ¡No es de extrañar que se le hayan aflojado las piernas!

Versículo 16. «Pero». Una conjunción importante que nos ayuda a interpretar la respuesta que Habacuc ofrece acerca de lo que está viendo. Me recuerda a Pablo en 2 Corintios 4.8, cuando dice estar «atribulado, pero no abatido; perplejo, pero no desesperado».

Versículo 18. «Me regocijaré». Una idea que se repite en el versículo 18. Y luego de la devastación que se describe en el versículo 17 (relacionada al juicio que se describe anteriormente en la profecía), el punto es claro: no hay nada en qué regocijarse, excepto en «el Señor», «mi libertador».

Versículo 19. «Por las alturas». ¿Por qué es importante? Parece referirse a que Dios lo fortalece para lo que está por venir. Pero puede que también se refiera a las colinas donde a menudo se construían santuarios paganos, así que Dios nos ayudará también a superar cualquier desafío espiritual.

¿Hay flujo de pensamiento o divisiones?

Claro que se trata de un pasaje muy breve y no deberíamos forzar divisiones donde no existen. Pero definitivamente hay claros cambios de estado de ánimo: primeramente, se le aflojan las piernas y luego espera con paciencia (versículo 16), en el versículo 18 hay regocijo, y una confianza más plena en el versículo 19.

¿Podemos identificar algún tema central?

El pasaje describe varios estados de ánimo, pero al parecer todos se enfocan en la confianza que Habacuc tiene en Dios, en quien esperará con paciencia (v. 16), en quien se regocijará (v. 18), y de quien recibe fuerza (v. 19). Se centra en el Señor, que está en control de todo lo que sucede. A continuación un resumen de la segunda parte de nuestro trabajo:

Entender el pasaje en detalle		
Palabras, personajes, repeticiones, enlaces	Divisiones	Tema central
Aflojaron v. 16 Pero v. 16 Me regocijaré v. 18 Por las alturas v. 19	Temblar y esperar v. 16 Regocijarse v. 18 Confiar v. 19	¿Confiar en Dios sin importar la situación? ¿Dios está en control? ¿Dios es suficiente?

c. Entender el pasaje en relación con toda la Biblia

Ahora llegamos a una tercera etapa, la cual nos ayudará a ubicar este pasaje en el marco de referencia más amplio respecto a lo que Dios ha dicho. Pensamos en otras partes de la Biblia que nos pueden ayudar a entender a este pasaje. Esto es importante, por ejemplo, cuando un pasaje del Nuevo Testamento se refiere al Antiguo Testamento; o cuando un evento del libro de los Hechos aclara algún asunto en las epístolas de Pablo; o, como habíamos dicho anteriormente, cuando nos encontramos con un pasaje difícil de entender, lo podemos aclarar a partir del contexto más amplio de las enseñanzas bíblicas respecto a ese mismo tema en otra parte de las Escrituras.

Hay varios enlaces que debemos explorar. Por ejemplo, incluye la manera en que un pasaje se cita en otra parte de la Biblia, como la famosa declaración de Habacuc «el justo vivirá por su fe» (Hab 2.4), que se cita tres veces en el Nuevo Testamento (Ro 1.17; Gá 3.11; Heb 10.36-38). Investigar estas referencias será fundamental para poder predicar de Habacuc 2 de manera adecuada. O quizá tengamos que investigar la manera en que ciertas palabras o temas teológicos se usan a lo largo de las Escrituras (el reino, el juicio, la redención, la salvación, el pueblo de Dios…). Además, quizá tengamos que descubrir cómo el pasaje que estamos estudiando encaja en la historia de la salvación a lo largo de la Biblia.

Para el pasaje de Habacuc, hay varias secciones de la Biblia que podemos revisar, pero que no necesariamente debemos mencionar en nuestro mensaje: tendremos que leer el capítulo 1 de la profecía de Habacuc (por lo menos) si queremos entender las emociones que lo conducen a su doxología, y el por qué hace referencia a la «nación que nos invade». Tal vez queramos sentir las mismas emociones de Jeremías (Jer 20.7-18), que también hizo preguntas difíciles a Dios; o identificarnos con Job, que también estaba confundido por las acciones de Dios; o referirnos a Pablo en 2 Corintios 4 y 12 quien, así como Habacuc, descubrió la fuerza de Dios en medio de la debilidad, o repetir junto con Pablo que no importa lo que ocurra, nada nos separará del amor de Dios y sus buenos propósitos (Ro 8.28-39). Todos estos pasajes son valiosos contextos, pero no necesariamente tienen que mencionarse en nuestro sermón sobre Habacuc, a menos que realmente sean necesarios para nuestro objetivo.

Una vez más, ofrecemos un resumen:

Entender el pasaje en relación con toda la Biblia
Habacuc 1; Jeremías 20.7-18; Job; 2 Corintios 4.7-12, 12.7-10; Romanos 8.28-39

En los siguientes dos capítulos, abordaremos la pregunta en torno a cómo armar el tema principal de un mensaje y cómo podemos predicarlo con claridad. Por ahora, resumimos el proceso de entender un pasaje, usando tres principios básicos que fueron descritos por John Stott años atrás, y que explican los fundamentos de la interpretación bíblica.[7]

Primero, *debemos buscar el significado lógico o natural de un pasaje* (Stott lo llamó el principio de la *sencillez*). Debemos entenderlo según su sentido normal y natural, algunos escritores sugieren el sentido literal, pero esto puede ser engañoso, ya que las Escrituras a menudo hablan en sentido figurado, utilizando símbolos o imágenes poéticas. ¿Realmente las piernas de Habacuc se le aflojaron y la carcoma caló sus huesos? No, estas descripciones son parte de la fuerza poética del pasaje, y no son obviamente literalmente ciertas. Así que, leemos un pasaje siguiendo las reglas normales del lenguaje, y permitimos que hable por sí mismo.

Segundo, *debemos buscar el significado original del pasaje* (el principio *histórico*). Ya hemos mencionado a qué se refería este pasaje cuando Habacuc lo escribió inicialmente: ¿Cuál fue el contexto de la «invasión» a la que se refería? ¿Por qué fueron destruidos los campos y

---

7. J. R. W. Stott, *Cómo comprender la Biblia*, segunda edición (Lima: Certeza Unida-Ediciones Puma, 2005).

los viñedos? Podemos comprender cuán increíble fue que él dijera «me regocijaré en el Señor» una vez que logremos darnos cuenta del terrible contexto en el que cantó su canción.

Tercero, *debemos buscar el significado general del pasaje* (el principio de la *armonía*). Es decir, que debemos entender este pasaje a la luz del resto de la Biblia, tal como ya lo habíamos afirmado. Y podemos ver a partir de Jeremías o Job o Pablo, o incluso el propio Jesús (quien por el gozo que le esperaba soportó la cruz), que la experiencia de Habacuc encaja en la experiencia de un verdadero creyente.

Tenemos aún más trabajo que hacer para enfocarnos en el tema del sermón (cap. 4) y para aclarar cómo lo vamos a presentar (cap. 5). Pero nunca deberíamos pasar a estos temas sin antes primero haber orado la Palabra y después hacer todo lo posible para entender el pasaje de la manera que hemos explicado.

3. Entender un pasaje en su totalidad

Concluimos este capítulo resaltando nuevamente cómo la congregación puede contribuir en la tarea de entender un pasaje bíblico. A veces he utilizado la tabla que hemos trabajado con grupos pequeños o estudios bíblicos con jóvenes. Provee una guía sencilla pero útil para entender los temas clave. Pero también ofrezco otra herramienta que ha demostrado ser un excelente ejercicio de grupo para las congregaciones. A veces se lo conoce como «estudio bíblico de manuscrito», y su propósito es animar a un grupo de cristianos para que colaboren en descubrir lo que un pasaje está diciendo.

¿Qué es un estudio de manuscrito sobre un texto bíblico? El formato de manuscrito es una técnica que ayuda a estudiar la Palabra y en consecuencia facilita el proceso de descubrir su significado. Se selecciona un pasaje bíblico y se lo imprime en una página, omitiendo cualquier nota, división de capítulos y versículos. Esto nos obliga a trabajar directamente con el texto, libres de las «divisiones» que a menudo gobiernan nuestra lectura (párrafos, capítulos, versículos). Logramos descubrir por nosotros mismos la estructura del texto, o la posible secuencia de ideas presentes en el pasaje. Observamos el texto, prestando atención a las palabras que forman cada oración, y cómo estas oraciones se relacionan las unas con las otras cuando se agrupan para revelar un evento o una idea.

Se obtiene, entonces, el pasaje de la Biblia en un solo bloque de texto, con líneas numeradas, pero sin divisiones de versículos o párrafos. Comenzamos identificando las transiciones a un nuevo párrafo, marcándolo con una señal adecuada. Se provee al grupo lápices de colores para que puedan marcar o subrayar con círculos, flechas conectoras, números o cualquier otra manera que nos ayude a explorar el contenido. Podemos escribir comentarios y preguntas a los márgenes o entre líneas. Podemos usar marcadores de color para añadir un énfasis visual mientras marcamos palabras, frases o temas que se repiten. Una vez más, el punto es observar y trabajar con ahínco en el texto, acentuar lo que parece importante e involucrarse con el texto de una manera más gráfica.

Es posible que se desplieguen sobre una mesa varias páginas del texto, para que la investigación pueda tener a la vista todo el contexto. Esto ayuda a identificar desarrollos temáticos, y a menudo se logra descubrir la relación entre una parte menor y otra mayor a medida que se avanza con la investigación. La observación de estos patrones que logran integrar las partes significa que podríamos estar por descubrir el propósito del autor.

Claro, que esta tarea es mejor si se hace en grupo. Todos los participantes de cada mesa tienen el texto a mano, y cada persona inicialmente estudia el texto por su cuenta. La persona más valiosa es la que está por estudiar el texto por primera vez y, por tanto, presenta una serie de preguntas acerca del texto. Luego, se plantean preguntas genuinas, no las que ya tengamos respuestas de antemano. Esta es una excelente oportunidad para aprender de cada uno. Una gama de observaciones, que se comparan con el texto, permite que se aclare el significado que mejor se apoya en el texto. La autoridad del texto es lo primordial, ya que todas las demás ideas se someten al mismo. Y dado que los participantes se ha reunido en torno a la Biblia, el impacto de escuchar la Palabra, aunque sea muy personal, no queda solamente en lo privado, es decir, el proceso es corporativo.

A veces uso este método cuando me encuentro con un pasaje bíblico que debo predicar. ¿Pero por qué no usar este método en un grupo pequeño o un grupo de jóvenes? En el apéndice 3 he incluido un ejemplo con instrucciones sencillas que vale la pena imprimir para todos en el grupo.

En esta primera sección del libro, nuestra primera responsabilidad como predicadores ha comenzado, nos hemos comprometido a poner a la Biblia en el centro de atención, a orar la Palabra y a entender su mensaje. Sin estos cimientos, la predicación se torna una retórica vacía. Pero con estos compromisos, estamos listos para pasar a la tarea de abrir la Palabra de Dios de manera que el pueblo de Dios pueda encontrarse con el Dios viviente.

Para la reflexión personal y estudio en grupo

A muchos de nosotros se nos hace difícil encontrar el tiempo adecuado para estudiar un pasaje bíblico con esmero, de la manera que hemos descrito en este capítulo. ¿Cómo podemos corregir nuestros hábitos de preparación, para poder planificar con anticipación y contar con el tiempo necesario para comprender el pasaje debidamente?

➤ Este capítulo ofrece un modelo sencillo para estudiar un pasaje bíblico. ¡Selecciona una sección de la Palabra, y prueba este modelo!

➤ Si estás en un grupo, escoge una sección de la Biblia y trabajen juntos utilizando el modelo de manuscrito (ver apéndice 3).

Parte II

El maestro y el trabajo de la predicación

Preludio

¿Hay alguna diferencia entre leer un comentario bíblico y escuchar un sermón?

Nos produce un gran beneficio estudiar libros sobre pasajes bíblicos, y los comentarios son recursos básicos para todo aquel que se haya comprometido a explicar la Biblia de manera fiel y pertinente. Pero escuchar el sermón de un predicador debería ser una experiencia distinta. Obviamente, me refiero a un ideal, pero la predicación no es solamente un acontecimiento vigoroso, debería también ser un acontecimiento divino. Es el evento en el que la Palabra de Dios, el Espíritu de Dios y el pueblo de Dios se reúnen para encontrarse con él. Pronto veremos que el pueblo de Dios juega un papel vital en esa dinámica, pero en esta sección veremos la responsabilidad que tiene el predicador de revelar la Biblia a sus oyentes. Retomando el pasaje de Nehemías 8, veremos por lo menos tres aspectos de la tarea del maestro cuando se asegure que la Palabra llegue al pueblo de Dios.

> La predicación no es solamente un acontecimiento vigoroso, debería también ser un acontecimiento divino.

Lograr que la Palabra sea comprensible

La biografía de Nehemías es extremadamente clara en este punto. Si la Palabra de Dios debía de ser el fundamento para sus familias, para su diario vivir, sus relaciones y su sociedad, entonces todos debían comprenderla. Lo vemos en los primeros versículos del capítulo: «Entonces todo el pueblo, como un solo hombre...» (v. 1); Esdras leyó para la asamblea, que estaba compuesta de «hombres y mujeres y de todos los que podían comprender la lectura» (v. 2, y se repite en el v. 3). «Esdras abrió el libro. Todos lo podían ver» (v. 5); «Al oír las palabras de la ley, la gente comenzó a llorar» (v. 9); «Al día siguiente, los jefes de familia, junto con los sacerdotes y los levitas, se reunieron con el maestro Esdras para estudiar los términos de la ley» (v. 13).

La repetición deja claro que Esdras quería asegurarse que todos, hombres y mujeres, jóvenes y ancianos, tuvieran acceso a la Palabra de Dios. También vale la pena notar que el versículo 4 muestra que Esdras escogió a un grupo de personas para que lo ayudaran con la lectura de la ley, algo que no se limitaba tan solo a los sacerdotes o levitas. Y cuando añadimos a esto la ubicación (la cuidad en vez del templo), el hecho de que Esdras haya tenido un equipo de laicos refuerza el sentido que, según comenta Hugh Williamson, Esdras quería evitar la impresión de que la ley pertenecía exclusivamente a los profesionales religiosos.[1]

Lograr que la Palabra sea clara

El recuento enfatiza el esfuerzo que Esdras y su equipo invirtieron en asegurarse que todos entendieran lo que escuchaban. Esto es obvio desde el principio: la asamblea incluía a «todos los que podían comprender la lectura» (v. 2), probablemente refiriéndose a niños. Y el equipo de Esdras se esforzó mucho para lograr que el contenido de la ley sea claro, «interpretaban de modo que se comprendiera su lectura» (v. 8). Esto produjo una respuesta impresionante: «Así que todo el pueblo se fue a comer y beber y compartir su comida, felices de haber comprendido lo que se les había enseñado» (v. 12). Tuvieron una celebración porque comprendieron lo que escucharon.

El equipo de Esdras se esforzó mucho por traducir, interpretar y explicar lo que se estaba leyendo. Lo cual sirve como prueba del énfasis continuo en hacer que la Palabra sea comprensible y clara. Esdras y Nehemías sabían cuán importante era esto para el bienestar de la comunidad a medida que las personas se establecían de nuevo en Jerusalén. Nada era más importante que todos, hombres y mujeres, jóvenes y ancianos, tribu tras tribu, escuchen y comprendan la Palabra de Dios.

Lograr que otros participen

Otra característica del texto que vale la pena mencionar es la siguiente: Esdras escogió a un grupo para que lo ayude con la lectura

---

1. H. G. M. Williamson, *Ezra, Nehemiah, Word Biblical Commentary*, vol. 16 (Waco: Word Books, 1985), 289, 298.

(v. 4). Los versículos 7 y 8 describen a los equipos que ayudaron en la traducción, interpretación y explicación. ¿Por qué es importante? En algunas culturas, el pastor o el predicador a veces da la impresión que es el profesional o experto. Pareciera que el único con el derecho o la autoridad de predicar o enseñar es el pastor. Pero una responsabilidad importante de los maestros de la Biblia es también ayudar a otros a que logren disfrutar de las Escrituras, por medio de la manera en la que la manejan e involucran a otros en su interpretación. Así que debemos descubrir maneras en cuanto a cómo involucrar a otros en esta tarea, y ofrecer niveles apropiados de capacitación para que lo hagan bien. Este tipo de ministerio en equipo es tremendamente valioso.

En nuestro trabajo con Langham Predicación, ha sido emocionante ver el surgimiento de una red global de clubes de predicación, o grupos de compañerismo (escuelitas en América Latina), diseñados para animar el trabajo en equipo. Muchos pastores y predicadores sufren de soledad y estudian la Biblia aislados de los demás, y por ello necesitamos encontrar maneras para que nos pongamos en contacto con otros, para que nos beneficiemos de sus observaciones, para orar juntos por nuestro ministerio, y para compartir la tarea de proclamar la Palabra de Dios (el Apéndice 6 incluye una introducción al propósito y contenido de esta clase de reuniones).

Ahora pasaremos a explicar otros principios que deben dar forma al trabajo del predicador: la predicación bíblica debe enfocar la mirada, debe ser clara, debe ser pertinente y debe ser la personificación de su contenido.

Capítulo 4

La predicación bíblica debe enfocar la mirada

En mis viajes, a menudo me acompaña un viejo amigo. Es un lente Nikon de 70-300 milímetros. Una vez que el lente está integrado de forma segura en el cuerpo de la cámara, puedo usar el visor para enfocar de manera muy precisa un paisaje lejano, o capturar la imagen de una garza al acecho por el río Cherwell, o tomar una foto espontánea de las divertidas muecas de algún pariente. No hay mucha necesidad de editar la foto, porque el lente ha hecho el trabajo.

La clave para una predicación efectiva es descubrir la verdad central del pasaje bíblico.

De hecho, ya sea que prediquemos desde un versículo, un pasaje, un capítulo o un libro de la Biblia, siempre deberíamos enfocar la mirada en su mensaje principal. Los libros sobre predicación usan varias imágenes para comunicar esto: ¿Cuál es la idea principal de este pasaje? ¿Cuál es el tema principal? En el caso de un libro de la Biblia y un pasaje, ¿cuál es su sentido melódico? ¿Qué es lo que impulsa o mueve esta sección?

Quiere decir que, cuando expliquemos y pongamos en práctica el pasaje, cualquier otro aspecto de nuestro mensaje tendrá que dedicarse a recalcar la idea central de dicho pasaje. Algunos escritores lo expresan de manera sencilla: lo describen como el « ¡ya lo tengo!» del pasaje o del sermón, que expresa la emoción por el descubrimiento.[1] «¡Ya lo tengo! ¡De esto se trata!» o, como dijeron los discípulos de camino a Emaús: «¿No ardía nuestro corazón…? (Lc 24.32).

---

1. N. del E.: La edición en inglés usa la interjección *aha* (también es común que se use la expresión idiomática *Aha moment*), que en este contexto se usa para expresar la idea de descubrimiento. En español también tenemos la palabra «ajá». Pero, *aha* y «ajá» no son exactamente lo mismo. En español, «ajá» denota satisfacción, aprobación o sorpresa (¡Ajá, te pillé con las manos en la masa!).

De hecho, Charles Simeon describe esta prioridad con su típica franqueza:

> Reduce tu texto a una propuesta sencilla, y úsalo como trama; luego, usa el propio texto como si fuera el tejido e ilustra la idea principal siguiendo los patrones que la contienen. Atornilla las palabras en la mente de tus oyentes. El tornillo es el aparato mecánico más fuerte que hay… una vez que lo gires unas cuantas veces, no hay poder que lo pueda sacar.[2]

Este pensamiento dominante del pasaje será el tema central en el cual nos enfocaremos. Determinará el impulso de nuestro mensaje, alrededor del cual girará todo lo demás. A menudo se dice que la predicación es diferente a una conferencia, sobre todo por su compromiso por insistir en una idea. La predicación será efectiva si, por la presencia y el poder del Espíritu, juntamos todos los aspectos de nuestro mensaje para ayudar a la congregación a que comprenda este tema y sienta su poder. Los oyentes necesitan este énfasis enfocado. Recuerda, «es más fácil atrapar una pelota de béisbol que un puñado de arena».[3]

Elegir un pasaje

En el capítulo 1, vimos que predicar desde un pasaje bíblico tiene una tremenda importancia, ya que nos garantiza que recurramos a una unidad primaria de pensamiento y que nos concentremos en un solo tema. Ahora, elegir un pasaje o planificar un programa de predicación, es un tema muy amplio, pero solamente tocaremos algunos puntos al respecto. Hubo un tiempo en que los predicadores comenzaban su sermón con «un texto», lo cual generalmente significaba un versículo de la Biblia. Aunque esto puede ser suficiente para una presentación, (si, por ejemplo, nos enfocamos en una afirmación específica de una de las cartas de Pablo) no es siempre una forma adecuada de predicar, porque un versículo (incluso uno paulino) debe verse en su contexto más

---

2. Citado en Stott, *I Believe in Preaching*, 226.
3. Bryan Chapell, *Christ-Centered Preaching: Redeeming the Expository Sermon* (Grand Rapids: Baker Academic, 2005), 44.

amplio, y debe estar dentro de la unidad de pensamiento que el autor está desarrollando. Un versículo aislado puede fácilmente convertirse en el perchero para colgar nuestros propios pensamientos (¿recuerdas?), en vez de proveer la idea central que el autor quiere compartir. Es por eso que un párrafo o pasaje es usualmente el mejor tipo de unidad, ya que es lo suficientemente largo para establecer la intención del autor y el tema principal.

Muchas iglesias eligen como objetivo una exposición consecutiva, donde se predica a partir de secciones de un libro bíblico. Esto tiene muchas ventajas, porque permite que una congregación logre comprender toda la línea melódica del libro, permite que se entienda el contexto del libro y la congregación se beneficie de la continuidad. Cuando se la planifica cuidadosamente, puede también proveer una dieta balanceada con libros del Antiguo Testamento, los evangelios y las epístolas, siguiendo el ejemplo de Pablo por «proclamarles toda la voluntad de Dios» (Hch 20.27). En ocasiones también se puede enseñar secciones más grandes de la Biblia, por ejemplo, un sermón por cada uno de los doce Profetas Menores, esto ayuda a la congregación a comprender la Biblia en su totalidad. Cuando necesitamos tocar asuntos o temas específicos, precisaremos de otro estilo de predicación, aunque un pasaje bíblico principal todavía puede ser muy útil. Finalmente, para aquellos en iglesias donde se utiliza un leccionario, con dos o tres pasajes para cada domingo, es aconsejable seleccionar solamente un pasaje, para permitir que el predicador pueda predicar con claridad y enfoque.

Entonces, básicamente estamos buscando recalcar el tema principal que el autor, inspirado por el Espíritu Santo ha provisto para nosotros en ese pasaje. Esto ayuda a proveer el enfoque que un predicador necesita, y a la vez permite que la congregación aprenda a utilizar las Escrituras. Tal como dijo Alan Stibbs: «El ejemplo del predicador puede influenciar a otros a leer la Biblia por sí mismos y con mayor fe, ahínco y satisfacción. Ya que han experimentado, bajo el ministerio del predicador, cómo Dios puede utilizar la Palabra escrita y su estudio cuidadoso y en oración, para dar luz y entendimiento, ánimo y esperanza».

La travesía del texto al sermón

Muchas personas se han beneficiado por una ilustración que fue creada por Ramesh Richard, que anima a los predicadores a buscar primero la carne del pasaje (detalles superficiales, ideas, palabras, ilustraciones), luego buscar por debajo de la superficie al esqueleto (marco, estructura o flujo de pensamiento), y luego descubrir el palpitar, la idea clave que bombea sangre alrededor, la fuerza que da vida al pasaje. El diagrama en la página 84 describe estas ideas (también aparece en el Apéndice 4).

Una de las ideas más valiosas de este modelo es descubrir el corazón de un pasaje. El modelo se basa en un simple viaje desde la parte inferior izquierda, hacia arriba y sobre el puente, hasta la parte inferior derecha. A continuación, un resumen:

> Comenzamos estudiando la *carne* del texto. Eso es, examinar los detalles superficiales: oraciones, palabras, imágenes y párrafos. Masticamos el texto, lo absorbemos, lo meditamos y reflexionamos sobre lo que dice. Por medio de este proceso, estamos entendiendo el contexto y los detalles del pasaje, como vimos en el último capítulo, significa estar familiarizados con el sabor y el sentir del texto.

> A continuación, llegamos a los *huesos*. Es decir, a medida que estudiamos un pasaje, comenzamos a identificar una posible estructura, un esqueleto, aquellos aspectos que le dan forma y lo mantienen unido.

> Es entonces cuando pasamos al *corazón*, mientras nos preguntamos: ¿Qué es lo que le da vida a este texto? ¿Qué es lo que bombea sangre alrededor? ¿Cuál es la pasión del pasaje? ¿Cuál es el punto, el tema principal? Necesitamos poder expresar esto en una oración simple. No debería ser una selección de ideas, sino debemos determinar un punto central.

Luego, como se ve en el diagrama, cruzamos el puente en la parte superior. Al hacerlo, nos preguntamos: ¿Cuál será el impulso central de este sermón que comunicará el punto central de este texto a estas personas? Después de haber descubierto el corazón, ahora debo ser fiel al explicar ese punto a la audiencia en particular a quien debo predicar.

Después de haber establecido el corazón, trabajamos de nuevo hacia *abajo* en la parte derecha del diagrama, porque ahora podemos esbozar nuestro sermón.

Clarificamos el *corazón*: la parte central del sermón, el tema que necesita ser claramente comunicado a la audiencia.

Entonces trabajamos en el *esqueleto*, la estructura de nuestro sermón, la forma del mensaje. Aquí buscamos las ideas que complementarán al corazón, lo que mantendrá el mensaje unido, permitiendo que fluya adecuadamente. (Veremos esto con más detalle en el capítulo que sigue)

Finalmente, llegamos a la *carne* del mensaje. Este es el contenido requerido para vestir al esqueleto. Necesitamos algo de disciplina en este punto para asegurarnos que no haya mucho contenido y que realmente todo se mantenga unido al esqueleto.

Pasaje bíblico:

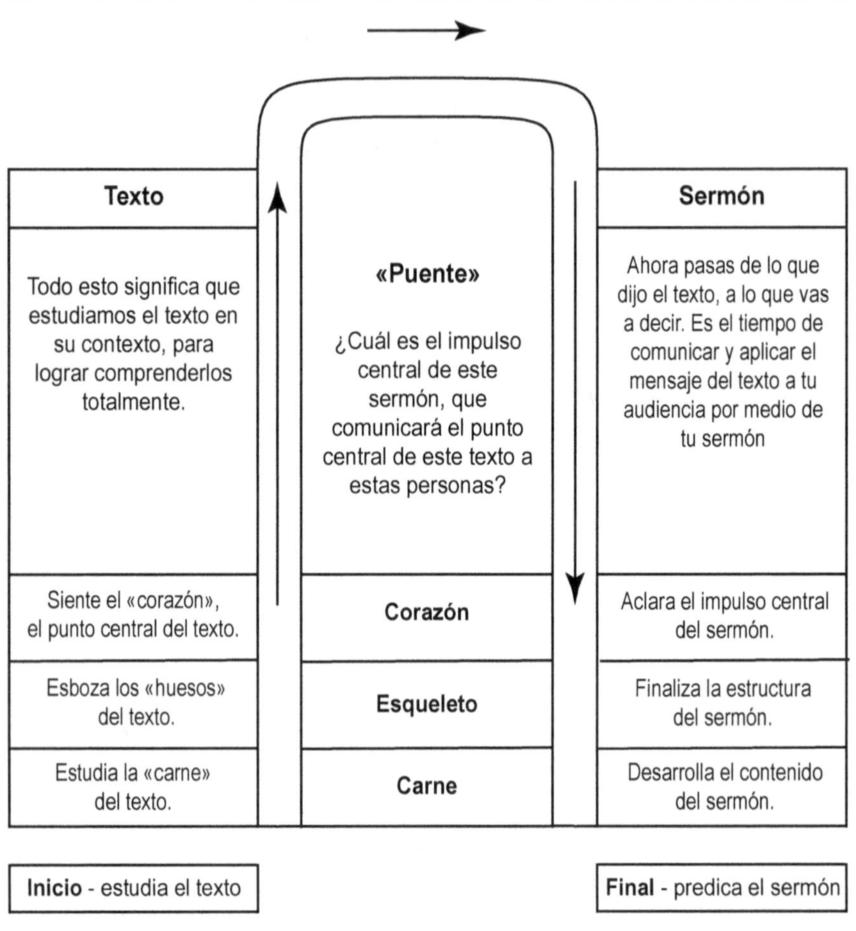

(Adaptado de Ramesh Richard, *Scripture Sculture Method*, usado con permiso)[4]

Descubrir el corazón

Nuestro propósito no te sorprenderá. Es asegúranos que el oyente escuche el palpitar del corazón del sermón. De hecho, esto también debería convertirse en el palpitar del predicador, ya que llevamos este mensaje en nuestros corazones y mentes, y transmitimos el mensaje

---

4. Ramesh Richard, *Preparing Expository Sermons: A Seven-Step Method for Biblical Preaching* (Grand Rapids: Baker Books, 2001).

a otros. Somos el «eco» del texto: debería resonar dentro de nosotros mientras trabajamos en el pasaje y luego transmitimos su mensaje.

Tal como quiere decir este modelo, si vamos a comunicar el significado del pasaje a la congregación, es fundamental que primero descubramos el corazón, el tema central que dominará nuestro mensaje. Hablando personalmente, descubrir el propósito y significado del pasaje es la parte más importante de mi preparación. Si no logro tener esto claro, no podré predicar con convicción y pasión. Estaré ofreciendo generalizaciones o clichés o una mezcla de reflexiones, pero no la Palabra incisiva de Dios.

Esto tiene un carácter central. Como ya lo hemos visto, la exposición bíblica no significa que cada sermón tenga que ser «exegético», donde se analice versículo por versículo como si estuviéramos grabando un comentario en audio. La exposición puede tener diversas formas culturales y debería tener en cuenta el género literario del propio texto. De hecho, es exhibir el significado fundamental del pasaje, abriendo su fuerza y poder, mostrando a las personas cómo se aplica el texto en sus vidas, y animarlos a que lo acepten y reaccionen a su mensaje.

¿Pero cómo identificamos el eje central de un pasaje bíblico? Una vez más, la literatura acerca de este punto es amplia, pero voy a resaltar tres ideas fundamentales:

Contexto: primero practicamos las disciplinas de «entender» (que ya hemos visto en el capítulo 3). Nuestro objetivo es comprender la situación del escritor y sus primeros oyentes. Esto es fundamental si queremos ser fieles «a lo que Dios les dijo».

Principio: luego debemos determinar si existe algún principio general encarnado en este pasaje que puede ser aplicado a diferentes contextos. ¿Cuál es el significado que trasciende la cultura o contexto y qué representa el tema principal para cada generación?

Inferencia: entonces esbozamos nuestro sermón para que refleje la manera en que dicho principio se puede aplicar a nuestra cultura y contexto específico.

Una palabra para hoy

Ahora, estoy muy consciente de haber hecho algunas generalizaciones y que corro peligro de simplificar procesos muy complejos. Pero, si soy un predicador, esta regla de oro me ayudará a descubrir el mensaje que debo compartir con mi audiencia.

Tomemos un pasaje muy conocido de 2 Corintios: el relato de la espina clavada en el cuerpo de Pablo en el capítulo 12, versículos 1 al 10. En primer lugar, a partir de la epístola podemos inferir que Pablo estaba siendo criticado por un supuesto grupo de «superapóstoles» que dudaban de sus credenciales. Esperan fortaleza no debilidad; esperan una presencia imponente, no vulnerabilidad física; querían una retórica impresionante, no una predicación simple. Así que, en el capítulo 11, Pablo prepara su currículo, un catálogo extraordinario de sufrimiento. A sus críticos les gustaba presumir, así que decide presumir también, pero presumir sobre sus debilidades. Por supuesto, podía recordar una experiencia espiritual importante hace muchos años, pero como eso podía generar orgullo, se da cuenta que el Señor le había dado una espina en el cuerpo para evitar que se convirtiera en un presumido (12.7). ¿Pero qué era aquella «espina»? En realidad, no lo sabemos. Muchas personas han sugerido varias cosas, pero es bueno que Pablo no lo haya aclarado, por razones que a continuación quedarán claras. Varias veces Pablo le pidió a Dios que se la quitase, pero jamás sucedió. Más bien, el Señor le habló de su propósito: «Te basta con mi gracia, pues mi poder se perfecciona en la debilidad» (12.9). Y Pablo se dio cuenta que ahora sí podía «presumir», y lo hizo sobre su debilidad, para que el poder de Cristo permanezca en él. Probablemente ya se está perfilando el tema central de este pasaje. A continuación, la secuencia de estudio.

El *contexto* es de presión, proveniente de sus críticos, del catálogo de sufrimiento en su ministerio, y también por el dolor que siente por la «espina». El contexto también incluye expectativas del primer siglo en torno a lo que se necesita para ser un dirigente (de hecho, no es muy diferente a nuestra cultura contemporánea).

El *principio* es claro, ya que la respuesta de Dios no fue específica a su sufrimiento o la propia espina: la respuesta fue la garantía del poder que se perfecciona en la debilidad.

Las inferencias que siguen: sin importar la cultura o situación, puedo asegurar que no hay congregación en el mundo en la que este mensaje no sea entendido: El palpitar de la gracia de Dios que se perfecciona en nuestra debilidad.

Predicar este pasaje significa mantener al corazón del texto justo en el centro. Los predicadores deben evitar distraerse de ese propósito principal, ya sea debatiendo cuál fue la experiencia extática de Pablo o el «tercer cielo» (12.1-4), o la naturaleza exacta de la espina (12.7), o qué era ese «mensajero de Satanás» (12.7), o cuál era el significado de haber orado «tres veces» (12.8). Dependiendo de la situación y el lugar donde estemos predicando, tal vez algunos de estos asuntos tengan que ser explicados. Pero nunca debemos perder de vista la sangre que bombea todo el pasaje, de hecho, por toda la epístola de 2 Corintios. «Te basta con mi gracia, pues mi poder se perfecciona en la debilidad» es una conclusión que alienta profundamente a todo creyente que se encuentra en situaciones de presión. Y esto ilustra la razón por la cual la predicación debe tener enfoque definido.

En el capítulo anterior, analizamos la doxología final de Habacuc (Hab 3.16-19), identificamos el contexto y examinamos los detalles del texto. Utilizamos una plantilla simple para explorar todo esto (ver Apéndice 2). Ese tipo de estudio es exactamente el mismo que el proceso de estudio de la izquierda del diagrama de Ramesh Richard, que describimos anteriormente (también se incluye en el Apéndice 4). En otras palabras, nos hemos esforzado por examinar la carne (palabras, oraciones e imágenes) del pasaje, luego los huesos o el esqueleto del pasaje (la corriente de pensamiento, o en el caso de la doxología de Habacuc, el cambio de estado de ánimo), y luego su corazón.

Podemos también analizar Habacuc 3.16-19 siguiendo la secuencia de «contexto-principio-inferencias) mientras buscábamos enfocarnos en el mensaje principal. El contexto consiste en el terror que produce la invasión babilónica, la destrucción de Jerusalén (con toda la devastación económica y consecuencias sociales) y la nueva percepción de Habacuc acerca de los propósitos de Dios. El principio que sacamos del pasaje es este, a pesar del caos en el mundo, el pueblo de Dios puede confiar en los propósitos de Dios. Y las inferencias se aclaran: sin importar nuestras circunstancias, sin importar lo que ocurra en el orden mundial, Dios está en control absoluto, podemos confiarle nuestras vidas y futuro.

La predicación pastoral de este pasaje tendrá mayor resonancia y conclusiones más profundas si el predicador ha logrado entender el contexto, ha estudiado cuidadosamente la manera en la que Habacuc escribió su canción, y haya enfocado su mensaje a partir del palpitar de Habacuc. En el siguiente capítulo, veremos cómo ese mensaje puede presentarse de una manera convincente y sobresaliente. Pero antes, un comentario importante sobre cómo podemos reforzar un enfoque claro con la ayuda de una sólida introducción y conclusión.

La introducción y la conclusión

A menudo empiezo un sermón usando una ilustración contemporánea que sea fácil de entender por mis oyentes, una que resalte claramente la idea central o el palpitar del mensaje. Se trata de un intento por lograr conectarme (un problema que exploraremos en el capítulo 6), pero también trato de tender un puente con mi audiencia cuando presento el tema dominante o el enfoque del sermón. Y lo mismo ocurre con la conclusión. Siempre he valorado el consejo que se me dio muchos años atrás, que lo mejor es escribir una conclusión breve, que claramente resuma el enfoque del sermón y, luego de haber hecho esto, ¡parar! A veces escuchamos a predicadores que tienen problemas en aterrizar. Una vez volé a Entebbe en mal clima, y cuando el avión estaba por aterrizar, tocó tierra y súbitamente despegó de nuevo. Esto ocurrió dos o tres veces hasta que el piloto pudo asegurar un aterrizaje seguro. Algunos predicadores tienen la tendencia de hacer lo mismo: creen que están llegando a tierra, pero no, alzan vuelo otra vez por unos minutos más, aumentando el desconcierto o la incomodidad de la congregación. Predicar con enfoque conlleva tener una introducción útil y una breve conclusión, las cuales afirman el tema principal. Entonces, todos podremos aterrizar de manera segura y el mensaje hallará su lugar en nuestros corazones, mentes y vidas.

En la pared de mi casa, tengo algunas fotos que tomé con mis lentes Nikon. Quizá presuma un poco, pero la foto bien enfocada que logré sacar en la isla de Staffa de esa ave, conocida como frailecillo, o el rostro pensativo de mi hija, me trae una gran cantidad de recuerdos: vistas, olores, personas, eventos. Una imagen que logra un enfoque claro nos relata una abundante narrativa. Y lo mismo sucede con la predicación: un mensaje centrado, basado en la verdad eterna de un pasaje de las Escrituras, se apodera de mi corazón. Tales mensajes viven en mi memoria, activos y dinámicos, y sus efectos continúan. Gracias a la fidelidad de los predicadores que he escuchado, las palabras que han cambiado mi vida han sido atornilladas a mi mente para que nada pueda sacarlas.

Para la reflexión personal y estudio en grupo

Vimos que se necesitan tres simples pasos a la hora de identificar el enfoque de un pasaje bíblico, para que luego podamos predicarlo a una congregación en nuestra cultura:

Contexto: buscamos entender la situación del escritor y de sus primeros oyentes (lo que Dios les dijo);
Principio: buscamos el significado que trasciende la cultura y el contexto, y que representa el tema principal para toda generación y tipo de oyentes.
Inferencias: Mostramos cómo el principio se aplica a la congregación a partir de nuestro propio contexto y cultura.

Analiza uno o dos de los siguientes pasajes, de forma individual o en grupo, y trata de seguir esta simple secuencia.

- ➤ Deuteronomio 6.1-9
- ➤ Nehemías 4.1-6
- ➤ Salmo 13
- ➤ Lucas 10.38-42
- ➤ Juan 13.1-17
- ➤ Hechos 4.23-31

Capítulo 5

La predicación bíblica debe ser clara

Un domingo, al finalizar el culto, una joven de la congregación se acercó a hablar con el predicador porque se sentía confundida. Le dijo que su sermón le había recordado la paz de Dios, como Pablo la describe en Filipenses 4.7, «¡que sobrepasa todo entendimiento!» Me temo que a veces se genera mucha confusión desde el púlpito. Algunos predicadores dejan a sus oyentes con más dudas después del sermón que antes.

Hemos visto que Esdras y su equipo trabajaron duro para asegurarse que la lectura de las Escrituras fuese clara, algo que sin duda necesitaba traducción, explicación y discusión. Nosotros también ayudaremos a nuestra audiencia a entender mejor lo que decimos si somos claros en la forma en la que presentamos nuestro sermón. Algún tipo de estructura es siempre útil, ya sea la trama clara de una historia bíblica, las estrofas de la poesía en un salmo, una serie de preguntas dirigidas al texto para resaltar lo que se está diciendo, un énfasis en un tema abordado desde diferentes ángulos, o una construcción progresiva del argumento bíblico (¡tal vez incluso con tres puntos!), pero siempre con un énfasis sostenido en el tema principal, el corazón del pasaje. Así que, hay diferentes maneras de dar estructura a un sermón, pero cierta clase de estructura es importante.

La ventaja del modelo sencillo que usamos en el capítulo 4 (carne, esqueleto y corazón) es que fomenta la estructura tanto en el tema como en el esquema del sermón. Ya hemos visto las razones por las que un enfoque claro es fundamental. De la misma manera, un esquema o estructura clara será de beneficio para todos. Al respecto, existen algunos asuntos importantes que debemos tomar en cuenta.

Tres puntos sobre el esquema

Primero, *un esquema debe ser fiel al pasaje*. Ya que nuestra exposición debe abrir el pasaje y manejarlo con integridad, cualquier esquema debe nacer del pasaje mismo y no ser impuesto desde afuera. Por llamativos o creativos que sean los títulos de nuestros sermones, si no son fieles al contenido, estaremos fracasando en nuestra tarea de honrar la autoridad y la preeminencia de la Palabra. Un tema clave de la exposición bíblica es predicar ciñéndose a la forma dada, es decir, seguir el flujo del género literario. Por ejemplo, debemos permitir que una historia bíblica se comporte como tal, no aplastar la historia reduciéndola a puntos pedagógicos aislados. Así mismo, como lo expresara un escritor, debemos permitir «que una parábola nos sorprenda, un salmo de lamento nos conmueva, que un profeta nos sacuda, que un proverbio nos provoque y que los Evangelios nos llamen al arrepentimiento». En ese sentido, no solo buscamos predicar el tema central de un pasaje, sino también buscamos hacerlo de manera que sea consecuente con la forma literaria que estamos exponiendo. David Day nos ofrece una observación útil: «El predicador que ignora la forma literaria de un pasaje es como el cocinero que toma un pastel ya hecho y usa las migas como ingrediente para un platillo totalmente distinto».[1]

Segundo, *una estructura clara puede ayudar tanto a la audiencia como al predicador.* La estructura ayuda a la audiencia de diferentes maneras, por ejemplo, nos ayuda a ver el sentido del texto. Nos mantiene enfocados con los temas de la Biblia, fuente de autoridad para la predicación. También, nos ayuda a concentrarnos. Si, como oyentes, se nos mantiene enganchados a las ideas principales del pasaje bíblico, se reforzará el hecho que esto es lo que realmente importa. Además, a menudo ayuda a que los oyentes se concentren. Independientemente de lo que creamos sobre la capacidad de atención de las personas, por lo general, el hecho de seguir paso a paso la secuencia de pensamiento es una buena forma de mostrar al oyente hacia dónde se dirige el predicador y cómo está llegando a ese punto. Y, a su vez, puede ayudarnos a recordar el pasaje y quizás su estructura, siempre que no sea artificial y no distorsione el mensaje de las Escrituras.

Una vez un predicador compartió un mensaje con un grupo de estudiantes cristianos de la universidad de Yale en los Estados Unidos. El predicador decidió utilizar las letras Y-A-L-E para los cuatro puntos de su sermón. Resultó ser un sermón tan largo que un estudiante comentó que se alegraba no estar matriculado en el I-N-S-T-I-T-U-T-O-D-E-

---

1. Day, *A Preaching Workbook*, 22-23.

T-E-C-N-O-L-O-G-I-A-D-E-M-A-S-S-A-C-H-U-S-S-E-T-S. Es mejor una estructura sencilla.

Los esquemas sencillos también pueden ayudar a los predicadores. Como ya hemos visto, ocuparse en un texto bíblico para examinar la carne, el esqueleto y el corazón requiere de una preparación esmerada. Nos aseguramos de trabajar duro con lo que el texto dice, cuál es su línea de pensamiento, y cómo comunicarlo eficazmente. Entonces, cuando estemos listos para predicar, un esquema sencillo puede dirigir nuestra predicación y asegurarnos que lograremos mantenernos fieles al mensaje central y su desarrollo. Si recién estamos dando nuestros primeros pasos como predicadores, un esquema nos permitirá programar bien nuestro sermón y enfatizar los puntos centrales de manera adecuada.

Tercero, *existe una amplia variedad de estructuras para hacer un esquema*. Primeramente, tenemos que ser fieles con lo que el pasaje nos está ofreciendo, en vez de imponer un solo tipo de estructura para cada parte de la Biblia. A veces, podemos dar forma a un sermón a partir de una pregunta con una serie de respuestas. También escuché a predicadores en África enfatizar un punto central, dando vueltas para volver a mencionarlo, y luego, dando vueltas una vez más, para recalcar el tema aún más fuerte, todo sin una estructura obvia, pero con un flujo e intención claros. Para muchos de nosotros, quizá haya una secuencia de encabezados, sencilla y fácil de recordar. Pero sin importar la estructura que tomemos, hay una serie de principios que no debemos olvidar.[2]

> *Unidad:* las distintas secciones deben integrarse como una unidad en torno al mensaje principal del sermón.

> *Armonía:* las secciones deben reflejar el tema del pasaje, pero posiblemente también pueden relacionarse las unas con las otras de una manera que sea convincente y fácil de recordar. Debe haber una secuencia hacia la culminación adecuada del mensaje.

---

2. Hay muchas sugerencias cuando se trata de describir las características de un buen esquema, y al respecto de estos tres puntos, estoy en deuda tanto con Stuart Olyott, *Preaching Pure and Simple* (Wales: Bryntirion Press, 2005), cap. 3, y Chapell, *Christ-Centered Preaching*, cap. 6.

Sencillez: no debería haber muchas divisiones o subdivisiones, sino una forma adecuada que surja del pasaje mismo, en la que cada división tenga una duración adecuada y que se explique con sencillez.

Poner carne a los huesos

Para predicar con claridad, les comparto una última herramienta que aparece en la siguiente página y también al final, en el Apéndice 5. Es un esquema sencillo que le permite al predicador asegurarse de que se ciñe al flujo de pensamiento y estructura del pasaje, y que la manera en que aborda temas lo ayuden a aclarar el sentido del sermón. Personalmente, a veces tengo esta página en mi escritorio a medida que voy llegando a las últimas instancias de mi preparación. Sé que este esquema sencillo tiene sus riesgos: por ejemplo, me puede convencer que siempre debo tener tres puntos «divinamente inspirados». Cualquiera sea el tipo de estructura que desarrollemos (y hemos visto que hay diferentes maneras), vale la pena utilizar una herramienta sencilla que nos ayude a verificar que estamos realmente cubriendo el tema de una manera que sea fácil de comprender y que respete el tiempo. Todos somos diferentes, y ofrezco esto porque podría ser útil para otros, tal como lo ha sido para mí.

Al principio de la hoja (ver abajo), primero hago un resumen del «palpitar» del texto, el punto central de mi sermón. Cualquier otro aspecto de mi sermón se conecta con esto, como los radios de una circunferencia. El palpitar del texto también debería dar forma a mi introducción y conclusión.

Pasaje bíblico: ____

Palpitar del texto: ____

Versículos:	Sección 1	Sección 2	Sección 3
¿Cómo se conecta con el tema central?			
¿Qué debo explicar?			
¿Necesito otras citas bíblicas? ¿Cuáles?			
¿Qué ejemplos podría ofrecer?			
¿Qué aplicación podría incluir?			

Esta tabla incluye en la parte superior la estructura o el bosquejo que hemos elegido y que refleja la manera en que vamos a manejar el pasaje bíblico. En la columna de la izquierda, hay cinco casilleros que describen las áreas que debemos considerar en la elaboración del sermón.

1) *¿Cuál es el enlace entre cada punto y el tema principal o corazón del texto? ¿Cumple cada sección del esquema con el propósito de* aclarar el sentido del mensaje? Esto es vital, ya que proporciona unidad al sermón.

2) *¿Hay temas en cada sección que quizá necesiten que se expliquen?* Esta pregunta es muy valiosa para la etapa de preparación, porque nos permite decidir qué vamos a incluir o excluir. ¿Hay temas que realmente la congregación necesita saber, o preguntas

que seguramente se harán? ¿Hay detalles que podemos hacer de lado, que podríamos mencionar pero no desarrollar?

3) *¿Hay otras referencias bíblicas que apoyan nuestro tema y que deberíamos incluir?* Una vez más, debo advertir que nuestra tarea principal es explicar este pasaje primario y no complicar el sermón con otra secuencia de referencias. Sin embargo, muy a menudo, es necesario hablar sobre lo que ha ocurrido antes de este pasaje o explicar su contexto. Y con frecuencia hay pasajes importantes a los que debemos referirnos, por ejemplo, cuando un pasaje del Antiguo Testamento necesita que se conecte con el Nuevo Testamento, o cuando el tema principal de nuestro pasaje recibe confirmación o se desarrolla de manera útil en otro lugar. Podríamos necesitar algunas referencias selectas, pero no demasiadas.

4) *¿Tengo buenos ejemplos para compartir?* Todos reconocemos cuando un ejemplo o ilustración sirve para aclarar lo que la Biblia enseña y que la audiencia logre recordar. Y, una vez más, el arte de la predicación consiste en seleccionar suficientes ilustraciones que sirvan exactamente al propósito de esa sección de las Escrituras, y que logre un impacto en nuestra vida y cultura, y haga que la congregación entienda a profundidad sus consecuencias.

5) ¿Que aplicación específica puedo ofrecer? La mejor aplicación se entreteje a largo del mensaje en vez de aparecer en los últimos dos minutos, y nuestro sencillo esquema nos permite pensar en los momentos adecuados donde podemos ofrecer la aplicación en cada etapa del desarrollo del sermón.

Ya que en los capítulos 3 y 4 nos sumergimos en la profecía de Habacuc a distintos niveles, concluiremos este viaje analizando cómo podemos estructurar un sermón a partir de esta sobresaliente doxología de Habacuc 3.16-19. Anteriormente, habíamos establecido el flujo de pensamiento, es decir, el esqueleto de este corto pasaje, cuyo cambio de estado de ánimo indicaba la transición. Vimos cómo los versículos pasaron del temblor y la espera en el versículo 16 a la alegría en versículo 18, a un estado de ánimo más confiado en versículo 19. Y también notamos cómo las tres ideas se relacionan con la confianza que Habacuc tiene en Dios, el Dios en quien espera (v. 16), el Dios en quien se regocija (v. 18), y el Dios quien lo fortalece (v. 19).

Después, en el capítulo 4, nos enfocamos en el tema principal: que Habacuc y todo el pueblo fiel de Dios pueden confiar en los propósitos de Dios, sin importar las circunstancias en las que se encuentren.

Mientras preparo un sermón en torno a este tema, busco una manera sencilla de darle estructura al mensaje y que refuerce la idea principal, su palpitar, y que ofrezca a la vez claridad por medio de un esquema que sea fácil de recordar. Bajo el título «Confiar en el Señor durante tiempos difíciles», he escogido la siguiente estructura:

En Dios espero	3.16
En Dios me regocijo	3.17-18
En Dios confío	3.19

De esta manera, me he asegurado de seguir la regla principal: que la secuencia respete el pasaje. A continuación, me he asegurado que cada encabezado se relacione claramente con el tema principal: confiar en Dios. Se trata de un pasaje que gira en torno a Dios, así que repetir el énfasis refuerza el tema. Después, he usado un simple paralelismo para crear una secuencia que sea fácil de recordar, utilizando palabras que reflejen la estructura de la canción: esperar, regocijarse y confiar. Todos sabemos que este método corre el riesgo de la exageración con rimas y trabalenguas que generen sonrisas irónicas en la congregación. Por eso hemos reiterado en este capítulo que hay muchas otras maneras de lograr la claridad necesaria. La creatividad es muy importante, debemos mantener un elemento de sorpresa y lograr que la congregación escuche el pasaje de maneras nuevas. Pero mi elección de estos tres encabezados ha sido un intento de capturar los elementos clave de la canción de Habacuc, y que el pueblo de Dios en cualquier contexto o cultura puede tomar en serio.[3]

---

3. N. del E.: Es sabido que las culturas anglosajonas tienen predilección por las aliteraciones o, en nuestro caso, las rimas en los encabezados de los sermones. Esto es posible sencillamente porque el idioma inglés es más propenso a ello, con su énfasis en los sustantivos y los gerundios, y su sintaxis al revés desde la perspectiva del idioma español (claro, para el idioma inglés, es el español el que va al revés). En el idioma español, una de las maneras en que se puede lograr la aliteración es apelando a nuestra madre latina y colocando el verbo al final de la oración.

Finalmente, he llenado la tabla que aparece en este capítulo y he revisado cada etapa de mi estructura:

Cómo se conecta cada uno de los puntos principales con el tema principal (el corazón) del sermón.

Los versículos que necesitan explicación (por qué se estremeció Habacuc);

«La nación que nos invade»;

La devastación del versículo 17 (tal como vimos anteriormente);

Otras citas bíblicas pertinentes (las he usado muy poco y he elegido solo dos: 2 Corintios 4.7-12 y Romanos 8.28, 35-39, con la intención de construir el puente hacia la obra de Cristo y sus consecuencias para la vida cristiana); he tenido mucho cuidado al elegir estos ejemplos e ilustraciones para que se conecten con mi audiencia.

De esta manera, mientras el pasaje halló un lugar en mi mente y corazón, espero que también esa verdad que transforma haya tocado los corazones de mis oyentes, esto es, que nuestras familias, nuestra nación, este mundo y todo el universo están en las manos del Señor Todopoderoso y que de hecho logrará cumplir su buena voluntad.

Comunicar con claridad

Por último, si bien no menos importante, un consejo acerca de la claridad con la que nos expresamos. Veremos en el siguiente capítulo que Pedro y Pablo eligieron sus palabras con mucho cuidado según su audiencia. Si deseamos lograr que el significado del pasaje bíblico sea claro, entonces tenemos que utilizar palabras claras que toda la congregación pueda entender. No es necesario llenar un sermón con palabras teológicas rebuscadas o conceptos críticos sacados de un comentario bíblico o textos teológicos. Debemos usar el lenguaje común del diario vivir, que contenga ilustraciones y aplicaciones extraídas de la vida diaria de los oyentes. A menudo, esto logrará marcar una gran diferencia, y abrirá las cortinas para que entre luz aclare el significado de un pasaje.

Dependiendo de nuestro contexto, a menudo es útil que la congregación reciba un bosquejo, ya sea en una hoja impresa o en la pantalla. Esto puede traer sus riesgos, pero un esquema sencillo y bien presentado ofrecerá una guía visual que muchas personas sabrán valorar, y les permitirá seguir el texto y el sermón, e incluso en algunos casos memorizarlo. La razón por la que nos esforzamos en tener un tema central, una estructura y comunicación claras es exactamente la misma por la que Esdras y sus ayudantes «leían con claridad el libro de la ley de Dios y lo interpretaban de modo que se comprendiera su lectura» (Neh 8.7-8).

Para la reflexión personal y estudio en grupo

El Apéndice 7 es una guía útil que te servirá para evaluar sermones, ya sean los tuyos propios u otros que hayas escuchado. En la sección sobre «claridad» se plantea la pregunta en torno a si el predicador logró que su audiencia le entendiera y recordara su mensaje.

➤ ¿Puedes recordar algunos sermones que impactaron tu vida?
➤ ¿De qué maneras fueron claros y fáciles de recordar?

Capítulo 6

La predicación bíblica
debe ser pertinente

Un sábado en la mañana, estaba trabajando en mi oficina cuando escuché voces en la calle dos pisos más abajo. Miré por la ventana y vi a un grupo de cristianos predicando al aire libre. Era una calle principal, con mucho tráfico y el ruido de los autobuses, pero el grupo formó una fila y, uno por uno, pasaba adelante, gritando a los coches y uno que otro transeúnte.

Los observaba con sentimientos encontrados. Por un lado, aquí estaban mis compañeros creyentes, tan valientes como para predicar el evangelio con osadía en nuestra ciudad. Por otro lado, me lamentaba por la mala comunicación. Un amplio abismo los separaba de su audiencia. Usaron una versión de la Biblia que tenía varios siglos; casi no se les podía escuchar; y la gente que pasaba al lado de ellos agachaba la cabeza; no había interés, no había contacto visual, solo vergüenza.

Los maestros y predicadores de la Palabra recibieron un llamado divino para anunciar el mensaje de Dios a un grupo particular de personas, mensaje que en primera instancia tenía como meta un contexto particular y abordaba un asunto específico. Los profetas, los apóstoles y el propio Jesús son ejemplos sobresalientes de personas que lograron conectarse, y que lograron llevar la Palabra de Dios a la gente de su tiempo. El mensaje no fue anunciado con una actitud desinteresada o un profesionalismo indiferente, sin importar si los oyentes escuchaban o entendían el mensaje.

Vimos esto claramente en Nehemías 8. Se anunció la Palabra de Dios en las calles de Jerusalén, y se hizo todo esfuerzo para asegurar que todos lograsen ver y escuchar, y en especial, entender. Gracias al uso de ayudantes que tradujeron y explicaron el mensaje, todo adulto y niño debió haber escuchado y entendido lo anunciado. Nosotros también debemos hacer que el texto bíblico sea comprensible e interactuar no solo con las Escrituras sino también con nuestros oyentes. Tal como vimos en el capítulo anterior, anunciamos la Palabra de Dios con claridad y que los oyentes la entiendan, pero también tenemos que hacerlo de manera que estos se logren identificar con el mensaje.

Nuestro punto en este capítulo es sencillo: mientras los predicadores se preparan para predicar, tienen que pasar tiempo no solo pensando en lo que van a predicar, sino también a quiénes van a predicar. Tristemente, es común que suceda lo que un autor ha denominado «la plaga de la insipidez» en la predicación de algunas personas. Esto se debe porque no son lo suficientemente conscientes de las necesidades de nuestra audiencia, ni lo suficientemente creativos para captar su interés. Debemos construir puentes entre el mundo de la Biblia y el mundo de hoy.

> Debemos construir puentes entre el mundo de la Biblia y el mundo de hoy.

La Palabra eficaz

Para repasar, el enfoque primario es la exposición fiel de La Palabra de Dios. La Biblia debe ocupar el centro de atención, y el predicador debe sumergirse en el texto y esmerarse por explicar su mensaje. La Palabra de Dios establece la agenda; la Palabra es la que se comunica. No se trata de «intentar que la Biblia sea pertinente». La Palabra, que tiene autoridad y poder, se comunicará directamente a cada época y cultura, ya que su autor es Dios, el Creador y Redentor, el que cambia cosmovisiones y transforma vidas rotas. No hay nada más pertinente que la Palabra de Dios. Y mientras nos esforzamos por descubrir su mensaje central, sabemos que será incisiva: «Ciertamente, la palabra de Dios es viva y poderosa, y más cortante que cualquier espada de dos filos. Penetra hasta lo más profundo del alma y del espíritu, hasta la médula de los huesos, y juzga los pensamientos y las intenciones del corazón» (Heb 4.12). La razón de ello es porque el Espíritu Santo obra por medio de la Palabra, y nos convence, presiona, consuela y alienta. Podemos estar seguros que la Palabra será eficaz. Darrell Johnson tiene razón cuando escribe en torno al tema de «la consecuencia y la aplicación» del sermón. Nos dice que «la Palabra de Dios no solo informa al oyente, dejando que éste la ponga en práctica; la Palabra de Dios también actúa en el oyente desde afuera y desde adentro».[1] Johnson continúa citando el versículo clave que resalté anteriormente: «la palabra de Dios… la cual actúa en ustedes los creyentes» (1Ts 2.13).

Entonces, mientras buscamos que la Palabra del Señor hable a la generación de hoy, ¿cuál es nuestra responsabilidad como predicadores? Se me viene a la mente cinco cosas.

La verdad que transforma

El predicador no es un docente que entrega información. Quizá hayas escuchado esta definición de enseñanza: «información que pasa de las notas del docente a las notas del estudiante, sin que pase por las mentes de ninguno». Obviamente, se trata de un asunto básico de integridad, que el poder de las Escrituras también transforma a los predicadores. Manejamos la Palabra dinámica de Dios, la cual primeramente tiene que formar parte de nosotros mismos, dar fruto en nuestras vidas, desafiar nuestro sistema de valores, nuestro estilo de vida, nuestra actitud hacia el pecado y la tentación. No tendremos nada que comunicar si nosotros mismos no hemos tenido un encuentro con esa verdad. Necesitamos compenetrarnos con él. Nuestra audiencia rápidamente se dará cuenta si el mensaje ha tenido un impacto en nosotros.

Quizá el asunto fundamental que salva la distancia entre el mundo de la Biblia y el mundo de nuestros días sea este: que nuestras vidas y nuestros labios comunican el mensaje. Recuerdo que tuve que predicar en mi iglesia sobre Juan 11 y la historia de la resurrección de Lázaro, la cual nos confronta con temas acerca la vida, la muerte y la resurrección. Sucedió que el día anterior, temprano en la mañana del sábado, mi padre había muerto. Me enfrenté de inmediato con la necesidad no solo de enseñar la verdad bíblica acerca de la diferencia que Jesús marca frente a la muerte, sino creer y vivir esa verdad. Tenía que ser cierto en mi vida en ese momento, y no algo que sencillamente había leído en un comentario bíblico.

Una parte fundamental de este proceso, de compenetrarse con el texto, es permitir que la verdad de la Palabra moldee cada vez más nuestra comprensión del mundo. Tener una cosmovisión bíblica nos

---

1. Darrell W. Johnson, *The Glory of Preaching: Participating in God's Transformation of the World* (Downers Grove: IVP Academic, 2009), 159.

ayuda a analizar con mayor precisión las necesidades del mundo en el que vivimos y el contexto al cual debemos hablar con la autoridad de la Palabra. ¿Cómo debemos entender a nuestro mundo? La primera respuesta es que debemos comprender nuestras Biblias, tener una cosmovisión bíblica. Si queremos entender lo que está ocurriendo en nuestra cultura, primero tenemos que entender los grandes temas de la narrativa bíblica, desde la creación a la caída, redención y la nueva creación.

Hago todo lo posible para informarme de las tendencias culturales de nuestros tiempos. Por ejemplo, leo periódicos y revistas sobre temas sociales, políticos o religiosos. Pero la mayor parte de los análisis que leemos en los medios son superficiales. Puede que sean reflexiones académicas serias de parte de sociólogos y psicólogos, y ciertamente tienen un gran valor, pero estas reflexiones no toman en cuenta la verdadera naturaleza de la condición humana, ni las oportunidades y esperanzas que tenemos en la intervención de Dios mediante Cristo. En cambio, la Palabra de Dios moldeará nuestro pensamiento, dará claridad a nuestra perspectiva y nos ofrecerá el marco mediante el cual podemos interpretar adecuadamente lo que sucede en el mundo que nos rodea. Al comentar sobre la historia de Jeremías, Eugene Peterson nos ofrece una nota muy sensata: «Si nos olvidamos que los periódicos son notas a pie de página de la Biblia, tendremos miedo de levantarnos de nuestras camas por la mañana. La Palabra de Dios siempre nos da el más preciso significado del mundo».[2]

Sermones que logran conectarse

Si bien, no debemos perder de vista el carácter primordial y central de la Palabra, tampoco debemos ignorar el valor que hay en el diálogo entre la Palabra y el mundo. Hay una conversación indispensable entre la Palabra de Dios y el resto de la vida. Hace muchos años, conversaba con una estudiante universitaria que me dijo: «Si decido pensar en mi materia de estudio como cristiana, entonces me veré en serios aprietos». Entonces, decidió que lo mejor era mantener estas dos partes de su vida en compartimentos separados. Por lo general, esta manera de pensar es

---

2. Eugene H. Peterson, *Run with the Horses: The Quest for Life at Its Best* (Downers Grove: IVP, 1983), 54.

bastante común entre cristianos. Es como si se mantuviera a la Biblia en cuarentena, ausente de todo diálogo con nuestras vidas. Es decir, no presentamos las interrogantes de la vida a la Biblia, y no permitimos que los retos de la Biblia se presenten en nuestras vidas. Por tanto, tenemos la obligación de hacer todo lo posible por vencer este obstáculo cuando prediquemos. El primer paso es permitir que la Biblia se conecte con nuestras vidas y nos transforme, y luego esforzarnos con ahínco para lograr entender lo que sucede en el mundo.

A veces, se acusa a los cristianos de tener una mentalidad de avestruz, como si nuestra fe nos sacara del mundo real. En un reciente programa de televisión, de corte de preguntas y respuestas, uno de los equipos representaba a un seminario teológico del Reino Unido. Con una precisión encomiable estos estudiantes cristianos pudieron responder la mayor parte de las preguntas sobre filosofía y religión, pero fracasaron estrepitosamente en las preguntas sobre cultura popular. El conductor del programa, Jeremy Paxman, les dijo: «necesitan salir más a menudo». Pues, no es un mal consejo para estudiantes de teología que han sido llamados a ministrar en el mundo actual.

Un aspecto importante de esta responsabilidad es evaluar el estado anímico de nuestra cultura, comprender los asuntos candentes y las interrogantes más comunes, los temas que se tratan en los periódicos y revistas o programas televisivos, los problemas que generan ansiedad o dan forma a la conciencia popular. Vale la pena reflexionar acerca de ellos y discutirlos con otros. Por ejemplo, hay una gran cantidad de incertidumbre acerca del orden mundial en este momento. Incluso gente que no suele pensar en problemas mundiales o asuntos de política, está siendo afectada emocionalmente por lo que sucede: el terrorismo, la corrupción, la inestabilidad en el Medio Oriente son problemas que provocan sentimientos de inseguridad. *¿Qué está ocurriendo en nuestro mundo?*

Muchas preguntas similares surgen en conversaciones con nuestros amigos o vecinos. Y no es que sencillamente pregunten: ¿qué pasa con nuestro mundo? Sino: ¿en quién puedo confiar? El descenso de la confianza en el sistema político, en los dirigentes religiosos o empresarios, alimentado por el colapso económico y la corrupción política, hace que las personas se pregunten ¿en quién puedo confiar? Además, están las preguntas morales de nuestra época, que incluyen asuntos de género, sexualidad y temas del final de la vida. Muchos de nuestros amigos no saben por dónde ir y carecen de un marco de referencia moral que les permita discernir entre lo que está bien y lo que está mal. *¿Qué decisión debo tomar?* En muchas partes del mundo, los jóvenes sufren de una actitud pesimista acerca de su gobierno, su futuro social y económico, sus posibilidades de empleo y las probabilidades de tener una relación a largo plazo. Los analistas sociales nos dicen que esta generación sufre de mayor ansiedad y es más insegura sobre su futuro, que generaciones anteriores. Esta es la primera generación de jóvenes desde el siglo pasado que tiene menos esperanza que sus padres. *¿Exactamente qué nos depara el futuro?*

¿O qué pasa con el tema de la espiritualidad? Sabemos que la idea del Occidente secular es un mito, ya que temas de religión y espiritualidad siguen vivos en la conciencia popular. Sin embargo, la gente está muy confundida, tal como lo expresara el comentario del ex capitán inglés de cricket, Mike Gatting: «Creo en un poco de todo: Dios, lo sobrenatural, los fantasmas, las supersticiones, los platillos voladores. Quiero mantener abiertas mis opciones». *¿En qué debo creer, y realmente importa?*

Hay mucho más que se podría añadir a este tema, pero cada una de estas preguntas expone las debilidades de nuestra cultura, y nos ofrece un importante punto de acceso para que la Palabra de Dios logre tener un gran impacto, para que el Espíritu de Dios logre convencer de pecado, justicia y juicio, y para que el Hijo de Dios, el propio Jesús, se encuentre con el nervioso padre de familia, el empresario autosuficiente, el desalentado estudiante y el niño confundido.

Predicadores que se sienten identificados

Hay un paso más que los predicadores deben tomar. Debemos comprender al mundo, pero también debemos sentirnos identificados con su dolor. Se trata de un aspecto exigente pero fundamental para poder hablar la verdad a la gente de nuestros días. Significa meternos en el pellejo de ellos, sentir sus penas, solidarizarnos con sus necesidades. Esto es exactamente lo que hizo Jesús. El Verbo se hizo carne: un judío palestino del primer siglo, un humilde carpintero, un maestro compasivo pero incisivo, que sintió los dolores y las tristezas de las personas a quienes servía.

Los profetas demostraron la misma entrega de ser llamados a identificarse con sus oyentes. A menudo me conmueve el ejemplo de Jeremías, que durante cuarenta años fue el solitario portavoz de Dios en la oposición. Tenía un trabajo sumamente exigente, que proclamaba el mensaje de Dios, mensaje de juicio y restauración. Fue un llamado incómodo. A veces se dice de él que fue «la vida y el alma del funeral». Pero su ministerio lo impactó profundamente. Su predicación no fue distante, sino con lágrimas en los ojos. Puedes sentir la desesperación en su profecía:

> «Pasó la cosecha, se acabó el verano,
> y nosotros no hemos sido salvados».
> Por la herida de mi pueblo estoy herido;
> ¿No queda bálsamo en Galaad?
> ¿No queda allí médico alguno? (Jer 8.20, 22)

Estaba plenamente consciente que a los que les dirigía la palabra, a su gente, sufrían de una enfermedad terminal. Estaba cuidando a un paciente moribundo: «Pasó la cosecha… y nosotros no hemos sido salvados».

Esdras es un personaje central en la historia de Nehemías 8, y vale la pena recordar que él no era simplemente un académico, distante a los desafíos de la gente que enseñaba. En los recuerdos de Nehemías, leemos que Esdras y Nehemías confrontan un gran pecado en la vida de su pueblo, matrimonios mixtos con mujeres que practicaban idolatría pagana (Neh 9.6, 15). Nehemías confrontó al pueblo directamente (Neh 13.25), pero Esdras siguió el ejemplo de Jeremías. Al ver la respuesta infiel de su gente, se rasgó las vestiduras, se sentó en luto y se incluyó a sí mismo mientras confesaba el pecado de su pueblo. Se identificó con aquellos a quienes enseñaba, lloró por causa de su pecado (Esd 9.6, 15). Y fue esto lo que provocó arrepentimiento, las personas siguieron el ejemplo dramático de Esdras: «Mientras Esdras oraba y hacía esta confesión llorando y postrándose delante del templo de Dios, a su alrededor se reunió una gran asamblea de hombres, mujeres y niños del pueblo de Israel. Toda la multitud lloraba amargamente» (Esd 10.1).

Adentrarnos en este mundo roto, sentir sus penas, relacionarnos con sus luchas, temer su juicio, tener esperanza en su redención, esto transforma la manera en que comunicamos la verdad.

Steven Covey resalta la importancia de identificarse con el prójimo, al contarnos una historia personal sobre su viaje en el metro de Nueva York. Los pasajeros del metro leían silenciosamente sus periódicos de domingo, cuando un hombre y sus hijos abordaron el vagón. Los niños estaban gritando, saltando de sus asientos, jugando con los periódicos de los demás pasajeros, pero el padre permanecía sentado con los ojos cerrados, sin hacer nada. Todos estaban irritados, no solo por el comportamiento de los niños, también por la aparente insensibilidad del padre. «Así que, finalmente, con una paciencia y control que pensé que eran inusuales, me dirigí a él y le dije: "Señor, sus hijos realmente están molestando a mucha gente. Me pregunto si no podría controlarlos un poco más". El hombre levantó la mirada… y con voz baja dijo: "Ah, tienes razón. Supongo que debería hacer algo al respecto. Acabamos de salir del hospital donde su madre murió hace una hora. No sé qué pensar, y supongo que ellos tampoco saben cómo expresarse"». Steven Covey describe que todo cambió en un instante, vio las cosas distintas, pensó diferente y se comportó de distinta manera también. Su corazón sentía el dolor de aquel hombre, y eso cambió su perspectiva de aquel padre, de los niños, y la respuesta que necesitaban.[3]

> Los predicadores no están por encima de su audiencia; están a su lado.

Se cuenta que el presentador de noticias de la televisión británica, Trevor Macdonald, después de dar las noticias a la nación, lloraba en su camerino, profundamente conmovido por el doloroso mensaje que había tenido que transmitir. Jeremías experimentó lo mismo:

> Por la herida de mi pueblo estoy herido;
> estoy de luto, el terror se apoderó de mí. (Jer 8.21)

Somos «hombres moribundos que hablan a hombres moribundos». Los predicadores no están por encima de su audiencia; están a su

---

3. Graham Johnston, *Preaching to a Postmodern World: A Guide to Reaching Twenty-First Century Listeners* (Grand Rapids: Baker Books, 2001), 67.

lado. Como lo expresara David Day: «si se nos pregunta dónde está el predicador, tenemos que decir "con Cristo, abajo en el Jordán con todos los demás"».

Predicar con fidelidad y pertinencia

Cuando era joven y formaba parte de una iglesia en Londres, la obra de evangelización presuponía que la mayoría de los no creyentes sabía por lo menos que la Biblia comenzaba con Dios el Creador, que había dos Testamentos, que la Navidad tenía que ver con el nacimiento de Jesús y que la Pascua tenía que ver con su muerte. Entonces, las iglesias y los evangelistas podían hablar sobre el pecado, la cruz, el arrepentimiento y la fe. Para la cultura del país, el lenguaje cristiano y la cosmovisión bíblica no jugaban un papel central, pero la mayoría de personas estaban familiarizadas con ellos. Cuando explicábamos la fe cristiana, ya teníamos un terreno en común. Ahora, sin embargo, la situación es totalmente distinta. Encontramos que muchos no tienen la menor idea quién era Jesús, y que de hecho desconocen cómo murió. Las historias bíblicas y el lenguaje cristiano se están volviendo desconocidos para nuestra cultura.

Los sermones en el libro de los Hechos son ejemplos muy conocidos acerca de la manera en que los apóstoles lograron ser fieles a la verdad y pertinentes a sus oyentes. Vale la pena resaltar el ejemplo del sermón de Pedro en Hechos 2 y el sermón de Pablo en Hechos 17. Pedro predicó a judíos y, según se ha observado muchísimas veces, la estructura de su mensaje reflejaba el entorno y los intereses de su congregación. Pudo citar el Antiguo Testamento porque sus oyentes estaban familiarizados con su contenido. Reconocían y respetaban la autoridad de las Escrituras. Y así mismo, pudo usar un lenguaje que ellos entendían, específicamente un lenguaje teológico que describía a Jesús como el Señor y el Mesías, el tan esperado Salvador, a Jesús como el cumplimiento de las expectativas y deseos de Israel (Hch 2.16-28).

Pablo predicó en Atenas, en un contexto completamente distinto. Habló a personas que no tenían una cosmovisión bíblica, que vivían en un ambiente dominado por el paganismo griego. Su lenguaje, sus gobernantes y su cosmovisión eran muy distintos al grupo de Hechos 2, así que Pablo tuvo que predicar de una manera muy distinta. Su mensaje fue mucho más amplio y que cubría temas como la condición del universo, la realidad y la naturaleza de Dios, asuntos de antropología e historia de la humanidad, la índole del ser humano, su destino y a quién rinde cuentas. Sabía que, sin ese panorama más amplio, la descripción de Jesús y su obra tendría poco sentido. Su objetivo era establecer una cosmovisión bíblica, en la que pudiera encajar el tema central de Jesucristo (Hch 17.22-31).

Debemos hacer lo mismo en nuestros días. Vivimos en una cultura poscristiana, que sufre de confusión religiosa y analfabetismo bíblico. Debemos ingresar a este mundo y comprenderlo para que podamos comunicarnos con él. Nuestro llamado consiste en comunicar con fidelidad la Palabra eterna de Dios y hacerlo de manera que sea pertinente a los que nos escuchan el día de hoy.

Confiar el resultado a Dios

Cuando era adolescente, hice todo lo posible para convencer a mis amigos del colegio que la fe cristiana valía la pena. Casi todos los días, me iba caminando al colegio acompañado de un buen amigo que discutía de un modo persuasivo contra la fe cristiana. Era mucho más inteligente que yo, así que la mayoría de las discusiones yo las terminaba perdiendo. Estas discusiones continuaron por varios años, hasta que finalmente dejamos el colegio. Él no llegó a ser cristiano. Así que, mi amigo se fue a la universidad y luego de unas cuantas semanas recibí una carta de él diciéndome que había asistido a una reunión del grupo universitario cristiano y que había entregado su vida a Cristo. Mi primera reacción al leer su carta fue decir « ¡que injusticia, después de todos estos años de discusión!» Pero, claro, fue una gran respuesta a mis oraciones y una gran evidencia de que realmente se trata solo de la obra de Dios.

No debemos reducir el arduo esfuerzo que implica comprender el mundo en el que vivimos, identificarnos con sus necesidades, construir puentes para una comunicación efectiva, dedicar tiempo a profundizar amistades, formular bien nuestra apologética y poner en práctica el Evangelio con integridad y autenticidad. Nos tomará toda la energía que tenemos. Pero debemos recordar que es la Palabra la que hace la obra. Recuerdo con frecuencia la maravillosa promesa que tenemos por medio de Isaías:

> Así como la lluvia y la nieve
> descienden del cielo,
> y no vuelven allá sin regar antes la tierra
> y hacerla fecundar y germinar
> para que dé semilla al que siembra
> y pan al que come,
> así es también la palabra que sale de mi boca:
> No volverá a mí vacía,
> sino que hará lo que yo deseo
> y cumplirá con mis propósitos. (Is 55.10-11)

Predicar esa Palabra jamás será una pérdida de tiempo.

Para la reflexión personal y estudio en grupo

➤ Lee de nuevo los sermones a los que nos referimos en este capítulo: Hechos 2.14-41 y Hechos 17.22-34. Dedica tiempo a examinar los contextos en los que estos sermones fueron compartidos. ¿De qué manera Pedro y Pablo se aseguraron de ser fieles al mensaje de Dios, y así mismo proclamar un mensaje poderoso y que sea pertinente a sus oyentes?

➤ En este capítulo hemos resaltado algunas de las interrogantes de nuestros tiempos. Piensa en tu propia cultura, y trata de identificarte con los grandes problemas de la gente común. ¿Cómo describirías a tu cultura? ¿Cuáles son los puentes naturales para el evangelio?

➤ Piensa en tu propia experiencia de vida. ¿Cuáles son los temas que te ayudan a conectarte con tu audiencia, temas como tu trasfondo, tu familia, tus dificultades personales, tu experiencia laboral, etc.? ¿Cómo te han ayudado a identificarte con otros y te han permitido comunicar la verdad y la pertinencia de las Escrituras?

➤ Lee Isaías 55.8-11 y dedica tiempo a reflexionar acerca del significado de estos versículos para tu ministerio de predicación.

Capítulo 7

La predicación bíblica debe hacerse visible y real[1]

El evangelista estadounidense D. L. Moody dijo una vez que toda Biblia debería estar encuadernada con cuero de zapatos: debemos caminar en los caminos del Señor. La verdad no es algo que simplemente se debe creer; la verdad debe «ponerse en práctica». En el mundo de hoy, la demanda por ser auténticos e íntegros significa que no vale la pena escuchar a un predicador cuya propia vida no demuestra la verdad sobre la cual predica.

Al subir a la torre de madera, hecha especialmente para él, Esdras se ubicó al centro de los acontecimientos que ocurrieron en Jerusalén aquel día. Nehemías se aseguró que el maestro y erudito tomara la responsabilidad de abrir las Escrituras. Esdras provenía de una larga dinastía de sacerdotes, y él también estuvo en el exilio junto con el pueblo de Dios. Pero, mientras había estado viviendo en una cultura pagana dominada por la idolatría, cientos de kilómetros lejos de Jerusalén y el templo, había estado estudiando fielmente la Palabra de Dios y enseñando los mandamientos al pueblo de Dios en Babilonia. Finalmente, se le dio permiso para regresar a Jerusalén, «porque la mano bondadosa de Dios estaba con él» (Esd 7.8-9). Y no nos debe sorprender que haya jugado un papel protagónico cuando invocó a la nación a que regresara a la Palabra. Lo que lo convirtió en una figura tan notable en la historia de Nehemías 8 se resume en una breve declaración que aparece en Esdras 7.10: «Esdras se había dedicado por completo a estudiar la ley del Señor, a ponerla en práctica y a enseñar sus preceptos y normas a los israelitas».

La frase que domina, «dedicado por completo», describe su compromiso para con tres asuntos, que se expresan en los demás

---

1. N. del E.: La versión en inglés dice *Biblical Preaching Must Be Embodied*. Es decir, que la predicación bíblica debe encarnarse o ser la personificación de su contenido o, en palabras más sencillas, debe hacerse visible y real.

términos: estudiar, poner en práctica y enseñar. Había entregado su corazón y su mente completamente a esta secuencia fundamental. Derek Kidner sugiere que el secreto de su influencia duradera fue que «enseñaba lo que primeramente había puesto en práctica, y se aseguraba que lo que había puesto en práctica concordara con las Escrituras».[2] En caso que creamos que los predicadores, maestros y académicos deben enfocarse solamente en la investigación y la docencia, las Escrituras resaltan la importancia central de *poner en práctica* la verdad, de obedecerla, vivirla, de personificar esa Palabra. Lo que Esdras enseñaba, *lo había vivido*. De hecho, aquí tenemos una clave importante para lograr una vida docente eficaz y de genuina investigación piadosa. Tal como lo expresara Michael Wilcock, nuestro entendimiento de la Palabra de Dios tiene que ver con nuestra obediencia y no solamente con nuestros cerebros. Un verdadero entendimiento proviene de vivir la verdad, no solamente creer en la verdad. Se trata de un aspecto fundamental de lo que sucede en la predicación bíblica: *la Palabra debe personificarse* en la vida del predicador.

Cuando Josué comenzó su desafiante carrera como líder del pueblo de Dios, se le otorgó las siguientes instrucciones: «Recita siempre el libro de la ley y medita en él de día y de noche; cumple con cuidado todo lo que en él está escrito. Así prosperarás y tendrás éxito» (Jos 1.8). Podemos observar la misma secuencia: alimentarse frecuentemente con la Palabra de Dios, meditar con esmero sobre sus implicaciones y disponerse firmemente a obedecer todo lo que Dios ha revelado.

Sabemos cuán importante es esto en nuestras iglesias y en nuestra cultura, pero también estamos muy conscientes de nuestros fracasos como comunidad cristiana, especialmente entre pastores y predicadores. Dallas Willard solía contar la historia de un pastor que se enojó mucho por algo que había sucedido durante el culto dominical por la mañana. Inmediatamente después del culto, encontró a la persona responsable y lo reprendió sin piedad. Desafortunadamente, todavía llevaba puesto su micrófono encendido, y su intercambio acalorado se transmitió por todo el edificio de la iglesia, en todas las habitaciones de la escuela dominical e incluso en el estacionamiento. «Poco después se mudó a otra iglesia», comentó Willard.

---

2. Derek Kidner, *Ezra and Nehemiah, Tyndale Old Testament Commentaries* (Downers Grove: IVP, 1979), 62.

Sabemos cuán frecuente suceden estas cosas. A lo largo de los años, he participado en varios seminarios en diferentes continentes, lamentablemente los comentarios siguen siendo los mismos. En Hong Kong me dijeron que los pastores chinos predican bien, pero se comportan terriblemente mal en casa; en África, la mayoría de los países piden que el entrenamiento para pastores incluya sesiones acerca de cómo ser buenos esposos y cómo ser fieles en el matrimonio; ¿y en Asia? Esto es lo que escribió una esposa: «Me gustaría conocer más sobre Langham Predicación, porque no solo mi esposo predica mejor, sino que se ha convertido en una mejor persona».

Escribí en otra parte sobre la razón por la que esta congruencia e integridad son fundamentales para todos los ministerios cristianos, y a menudo pienso que, si somos predicadores, no solo tenemos que prestar atención al consejo popular de practicar lo que predicamos, sino que quizás solo debemos predicar lo que practicamos. Me doy cuenta de que si logro hacer esto, se reducirá drásticamente la duración y la variedad de mis sermones, ¿pero acaso no esto el meollo de la integridad y es fundamental para una genuina predicación de la Palabra de Dios?

Pablo también estaba muy consciente del peligro que enfrentan los líderes cristianos. Las Epístolas Pastorales nos ofrecen dirección sobre el perfil de los líderes, y recalca aspectos importantes del comportamiento individual y el carácter, que son cualidades fundamentales para dirigir la iglesia (1Ti 3.1-13; 4.6-16; 6.3-6, 11-16; 2Ti 2.14-26; 3.10-17; Tito 1.6-9; 2.1-15; 3.8). Pablo habló personalmente con Timoteo acerca de la necesidad de ser «un ejemplo a seguir en la manera de hablar, en la conducta, y en amor, fe y pureza» (1Ti 4.12). Le rogó a Timoteo: «Ten cuidado de tu conducta y de tu enseñanza. Persevera en todo ello, porque así te salvarás a ti mismo y a los que te escuchen» (1Ti 4.16). Pablo podía también apelar a su propia vida como evidencia de que logró personificar la Palabra. Como les dijo a los ancianos en Éfeso en su conmovedor discurso de despedida: «Ustedes saben cómo me porté todo el tiempo que estuve con ustedes, desde el primer día que vine a la provincia de Asia» (Hch 20.18). Y, tal como lo hizo con Timoteo, les rogó: «Tengan cuidado de sí mismos…» (Hch 20.28). Tengan cuidado de su propia vida, de su comportamiento, de su bienestar espiritual.

Para rastrear el significado de este tema, ofrezco tres principios extraídos de la Primera Epístola de Pablo a los Tesalonicenses.

Tres principios importantes

1. El evangelio debe hacerse visible y real

Anteriormente en su epístola, Pablo describe cómo el evangelio llegó a los tesalonicenses, se trata de una buena definición de la predicación integral: «porque nuestro evangelio les llegó no solo con palabras, sino también con poder, es decir, con el Espíritu Santo y con profunda convicción. Como bien saben, estuvimos entre ustedes buscando su bien» (1Ts 1.5). La descripción que Pablo ofrece sobre la predicación ciertamente no se limitaba a la transmisión de información. Añade otras tres expresiones: una proclamación con el poder de Dios, una proclamación con profunda convicción y una proclamación con el Espíritu Santo, que da poder al predicador e impacta al oyente con la verdad. Pero existe otra frase en el versículo 5 que se relaciona con el resto del versículo. Nuestro evangelio les llegó con poder, así que «como bien saben, estuvimos entre ustedes buscando su bien».

De hecho, en varias ocasiones, les anima a que recuerden cómo vivían ellos entre los tesalonicenses («bien saben»). El Evangelio que Pablo proclamaba también daba fruto en su propia vida, y fue esa combinación la que hizo que su comunicación del evangelio sea tan efectiva: La Palabra de Dios, que se proclama por el poder del Espíritu Santo y hecha visible y real por el propio mensajero. Y se debería esperar esto. La verdad del evangelio es dinámica y transforma vidas. La Palabra de Dios «actúa en ustedes los creyentes» (1Ts 2.13). Es la verdad que produce santidad, tal como Pablo le dijo a Tito, y no hay nada más importante que ver esto en la vida del mensajero, el que proclama esa verdad.

De esto se trataba exactamente la carga de Jeremías, cuando invocó a los profetas de sus días para que fueran consecuentes en lo que decían y lo que vivían. No solo había un deterioro teológico espantoso, sino también un profundo fracaso moral entre los profetas. En lugar de alejar a la gente del pecado, los profetas de hecho aprobaban ese estilo de vida: «viven en la mentira», dijo Jeremías. Un verdadero profeta es aquel cuya vida encarna la verdad, y que forma parte de su mensaje. Como lo expresa David Day: «El predicador no es como si fuera un cartero, que hace lo que se le da la gana en privado, siempre y cuando cumpla con su obligación de entregar cartas».[3] La predicación genuina es cuando la Palabra, el Espíritu y la vida se unen.

Esta encarnación se puede ver en la manera impresionante en la que Pablo se identificó con los creyentes de Tesalónica, la cual también es una característica fundamental del predicador:

> La predicación genuina es cuando la Palabra, el Espíritu y la vida se unen.

«Tampoco hemos buscado honores de nadie; ni de ustedes ni de otros. Aunque como apóstoles de Cristo hubiéramos podido ser exigentes con ustedes, los tratamos con delicadeza. Como una madre que amamanta y cuida a sus hijos, así nosotros, por el cariño que les tenemos, nos deleitamos en compartir con ustedes no solo el evangelio de Dios, sino también nuestra vida». (1 Ts 2.6-8).

Pablo les describe su entrega total, no solo al trabajar duro para mantenerse a sí mismo, también cuando se entrega constantemente a los demás.

Esto es aun más importante en una cultura posmoderna, que es impaciente o que se ha vuelto cínica en cuanto a las palabras. Ser auténticos en el ministerio cristiano nos exige que nuestras vidas encarnen nuestro mensaje, y si el evangelio describe el poder de Dios en la aparente debilidad de Cristo en la cruz, nuestro ministerio deberá seguir ese mismo ejemplo de costosa identificación. Colin Morris describe esta clase de predicación genuina en su libro, *La Palabra y las palabras*: «No es desde un púlpito sino desde una cruz donde se pronuncian palabras llenas de poder. Los sermones requieren ser vistos como también escuchados para que sean eficaces. La elocuencia, las destrezas homiléticas y el conocimiento bíblico no son suficientes. La angustia, el dolor, la dedicación, el sudor y las lágrimas acentúan las verdades que se proclaman y que los hombres escucharán».[4]

---

3. David Day, *Jeremiah: Speaking for God in a Time of Crisis* (Nottingham: IVP, 1987), 89.
4. Colin M. Morris, *The Word and the Words* (Nashville: Abingdon Press, 1975), 34-35.

2. El predicador debe ser aprobado

A continuación, Pablo recalca que Dios lo aprobó para este ministerio: «hablamos como hombres a quienes Dios aprobó y les confió el evangelio» (1Ts 2.4). Parte del contexto de esta epístola consiste en el deseo de Pablo de responder a sus críticos, que lo acusaban de que no era un verdadero apóstol. Así que Pablo explica con franqueza que Dios dio inicio a su ministerio. Dios lo aprobó y envió, y Pablo sentía una profunda responsabilidad porque, como mayordomo, a él se le había confiado el evangelio. La palabra «aprobar» incluye la idea de que Dios puso a prueba a Pablo. Por medio de su vida y ministerio, por medio de sus sufrimientos, Dios estaba aprobándolo para su ministerio apostólico. Es justo concluir que la pasión de Pablo por proclamar el evangelio, y su capacidad para superar las críticas y la oposición, surgieron de este profundo sentido de prueba y llamado.

Un llamado así para los predicadores de hoy no será sencillamente una carta de una organización misionera o haber sido elegido por un comité. Más bien, consistirá en que nuestras vidas sean probadas, que nuestro carácter y nuestro ser interior sean forjados en una persona adulta piadosa y que nos haga estar aptos para el ministerio al que Dios nos ha llamado. Solamente entonces podremos hablar honestamente sobre lo que nos motiva. «No tratamos de agradar a la gente, sino a Dios, que examina nuestro corazón. Como saben, nunca hemos recurrido a las adulaciones ni a las excusas para obtener dinero; Dios es testigo. Tampoco hemos buscado honores de nadie; ni de ustedes ni de otros» (1Ts 2.4-6). Una vez más, esto es parte de la respuesta de Pablo a sus críticos. Se le había acusado de estar en error, de ser impuro, de engañar a los demás, de adulador, de deshonesto y de buscar sus propios intereses (vv. 3, 5). Una de las grandes ventas de la crítica es que te fuerza a demostrar cuáles son tus motivaciones fundamentales. Pablo lo tenía claro: «no tratamos de agradar a la gente, sino a Dios» (v. 4); «Tampoco hemos buscado honores de nadie» (v. 6).

No había motivos encontrados. Pablo demostró una sinceridad transparente. No había falsedad, ni engaño, ni egoísmo, todo estaba sobre la mesa: «Como saben… Dios es nuestro testigo» (v. 5); «Dios y ustedes me son testigos (v. 10).

Tal como Pablo lo demostró, todo ministerio cristiano es costoso. Pero siempre hay un tremendo riesgo, en especial si Dios te da cierto grado de éxito. Hay peligro de que tus motivaciones se distorsionen y de que tu ministerio pierda integridad. Sucede especialmente entre aquellos que se encuentran con frecuencia en los púlpitos, y que reciben la adulación de la gente. Nos enfrentamos constantemente al insidioso enemigo del ministerio cristiano. Eugene Peterson lo describe con precisión:

> Todo cristiano está en riesgo de ser tentado. Pero aquellos de nosotros cuyo trabajo nos define explícitamente como pastores, maestros, misioneros o capellanes, vivimos en un ambiente especialmente peligroso, ya que la naturaleza misma del trabajo es una tentación constante al pecado. El pecado es orgullo, según su antigua definición. Pero a menudo es casi imposible identificar al orgullo, especialmente en sus primeras etapas. Tiene apariencia y se siente como si fuera una firme entrega a la obra, como un sacrificio, una devoción desinteresada.... Nos convertimos en cristianos porque estamos convencidos de que necesitamos un Salvador. Pero en el instante en que ingresamos a una vida de ministerio, nos disponemos a actuar en nombre del Salvador.[5]

Esto nos puede llevar a una clase de profesionalismo que separa nuestra vida personal del ministerio público. Nos comportamos de manera arrogante, estamos espiritualmente secos y exhaustos, mientras tratamos de vivir dos vidas. Los predicadores primeramente tienen que predicarse a sí mismos. Deben permitir que la Palabra de Dios y su Espíritu transforme sus vidas, mientras se reenfocan en el significado de su llamado: estudiar, sí; enseñar, sí; pero, primero que nada, obedecer.

3. El ministerio debe ser un ejemplo

A Charles Simeon le preocupaba la integridad: «Ningún grado elevado de técnica homilética podrá compensar la ausencia de una relación personal con Dios. A menos que Dios ponga un nuevo canto en nuestra boca, incluso a los sermones más pulidos les faltará el brillo de la

---

5. Eugene H. Peterson, *Under the Unpredictable Plant: An Exploration in Vocational Holiness* (Grand Rapids: Eerdmans, 1992), 113.

autenticidad».[6] Gracias al compromiso que Pablo tenía de encarnar la verdad, pudo rogar a los tesalonicenses que siguieran su ejemplo. ¡De esto se trata realmente predicar con autenticidad! «Dios y ustedes me son testigos de que nos comportamos con ustedes los creyentes en una forma santa, justa e irreprochable. Saben también que a cada uno de ustedes lo hemos tratado como trata un padre a sus propios hijos. Los hemos animado, consolado y exhortado a llevar una vida digna de Dios, que los llama a su reino y a su gloria» (1Ts 2.10-12). Pablo usa varios adjetivos en el versículo 10 de una manera contundente: «santa, justa e irreprochable». Esto era la esencia de su ministerio. Un buen ejemplo puede ser un ingrediente de tremenda influencia para una iglesia sana. Tal como hemos comentado varias veces, el carácter cristiano se contagia y se enseña. Por ello, Pablo pudo decirle a los corintios: «Imítenme a mí, como yo imito a Cristo» (1Co 1.11). Además, esta es la razón por la que le preocupaba evitar la influencia contraria: «Por nuestra parte, a nadie damos motivo alguno de tropiezo, para que no se desacredite nuestro servicio. Más bien, en todo y con mucha paciencia nos acreditamos como servidores de Dios: en sufrimientos, privaciones y angustias» (2Co 6.3-4).

En 1 Tesalonicenses 2, Pablo vuelve a repetir que no había nada en su vida o en su modo de vivir que los demás pudieran usar como excusa para no creer en el evangelio de Dios. Su mensaje y su ministerio estaban unidos a una vida piadosa que hizo que el evangelio fuera fiable y creíble. Y no solo esto. Pablo dice en los versículos 11 y 12 que esto también dio forma a su ministerio pastoral. Como un padre, animó a estos creyentes a «llevar una vida digna de Dios» (1Ts 2.12), a seguir su ejemplo. Al respecto, Richard Baxter escribe: «debemos esforzarnos por vivir bien y por predicar bien». Es de importancia vital que los predicadores aseguren que sus vidas están realmente modelando la verdad del evangelio, y que, como un padre, se preocupen por la formación de otros discípulos, a partir del estímulo que se basa en un ejemplo práctico y genuino.

El primer capítulo de 1 Tesalonicenses contiene un último ejemplo del poder de encarnar la Palabra. Es una secuencia o una reacción en cadena:

---

6.   Charles Simeon, *Evangelical Preaching*, de la Introducción de John Stott (Portland: Multnomah Press, 1986), xxix.

Versículo 5   nuestro evangelio les llegó
Versículo 6   recibieron el mensaje
Versículo 8   partiendo de ustedes el mensaje se ha propagado

Y la misma onda expansiva se describe usando términos como imitar y ser ejemplo:

Versículo 6   Ustedes se hicieron imitadores nuestros
Versículo 7   Se constituyeron en ejemplo para todos los creyentes de Macedonia y de Acaya

Desde el puerto de Macedonia, el mensaje se propagó, haciendo eco por las montañas, y se esparció a lo largo y ancho. Y no solamente era un mensaje, también era un modelo a seguir. La gente escuchó sobre el impacto del evangelio. Logró tener un efecto no solo en las ciudades y provincias de alrededor, sino también a lo largo del tiempo y las generaciones: «Partiendo de ustedes, el mensaje del Señor se ha proclamado no solo en Macedonia y en Acaya, sino en todo lugar; a tal punto se ha divulgado su fe en Dios que ya no es necesario que nosotros digamos nada» (1.8). Esa onda expansiva todavía opera dondequiera que se proclame y practique fielmente la Palabra, y esta es la razón por la que nuestro propio compromiso de vivir el efecto transformador de la Palabra es tan importante. John Owen estaba en lo cierto cuando insistió que «si la palabra no habita con poder en nosotros, no pasará de nosotros con poder».[7] Se trata de un asunto fundamental de autenticidad en la predicación e integridad en la iglesia. El evangelio debe encarnarse.

Hasta ahora, hemos reflexionado sobre la Palabra de Dios y la esencia de la predicación y hemos visto que la predicación bíblica debe centrarse en la Palabra de Dios, debe orar la Palabra de Dios, y debe entender la Palabra de Dios. Luego, vimos al maestro y la labor de la predicación. Vimos que la predicación bíblica debe enfocar la mirada, debe ser pertinente, debe ser clara y debe hacerse visible y real, es decir, debe encarnarse. Esto nos lleva al tercer elemento central de la historia de Nehemías 8. No se trata sencillamente de la historia de Esdras el maestro, sino de una historia dramática de las múltiples respuestas del pueblo de

---

7. Citado en J. I. Packer, *A Quest for Godliness: The Puritan Vision of the Christian Life* (Wheaton: Crossway, 1990), 76.

Dios. Desde que se empezó a leer y explicar la Palabra, y dado que esta Palabra era dinámica y poderosa, fue inevitable que hiciera efecto. Algo sucedió con los oyentes.

Para la reflexión personal y estudio en grupo

Cuando Abraham tenía 99 años, el Señor se le apareció y le dijo: «Yo soy el Dios Todopoderoso. Vive en mi presencia y sé intachable» (Gn 17.1).

➤ ¿Hasta qué punto vives tu vida siendo consciente de la presencia de Dios? ¿En cuáles áreas de tu vida sabes que hay contradicción y que anhelas cambiar con la ayuda del Señor? ¿Cuáles son las áreas clave que deseas mejorar en tu vida cristiana?

➤ ¿Comparando tu conducta en la iglesia o el púlpito, te consideras la misma persona cuando hay un atasco en la autopista, en un hotel, cuando tienes que pagar las cuentas o en una discusión familiar?

➤ ¿Tienes personas clave que te apoyen y a las que puedes rendir cuentas de tu conducta, y si no las tienes, cómo podrías establecer estas relaciones?

➤ ¿De qué maneras crees que los líderes cristianos y predicadores sufren la tentación de aumentar su ego, de lograr fama o de adquirir poder y control? ¿Cómo podemos enfrentar estas tentaciones y vivir una vida como la de Cristo?

Parte III

La congregación y el propósito de la predicación

Preludio

«Imagínense un público impaciente en un concierto de rock que grita: "¡Queremos a Esdras, queremos a Esdras!", y que lo sigue repitiendo cada vez más fuerte, y de ello lograremos tener alguna idea de las emociones que se expresan».[1] Jim Packer ofreció esta interesante sugerencia mientras reflexionaba sobre la multitud que se reunía en el centro de Jerusalén aquel día. Tenían ansias de escuchar la Palabra. De hecho, fue el propio pueblo quien tomó la iniciativa de llamar a Esdras para que trajese las Escrituras (Neh 8.1).

La predicación no solo tiene que ver con el predicador, su investigación y su sermón. Toda predicación debe estar especialmente atenta a que la Palabra halle cabida en el corazón, la mente y la voluntad del oyente.

¿Entonces, qué sucedía con la multitud reunida en Nehemías 8?

Estaban expectantes

La sensación de entusiasmo y expectativa se expresa en los versículos 3, 5 y 13, donde encontramos que el pueblo estaba atento a la lectura de la ley, que se puso de pie cuando empezó la lectura y que dedicaron tiempo a estudiarla juntos. Esto nos recuerda el comentario de Lucas sobre los de Berea que, luego de que Pablo les predicara, «recibieron el mensaje con toda avidez y todos los días examinaban las Escrituras para ver si era verdad lo que se les anunciaba» (Hch 17.11). Y también nos recuerda que hay poco que ganar si se lee la Biblia sin tal expectativa. El ministerio de Jesús no produjo resultados cuando sus oyentes no tuvieron ninguna expectativa, cuando comenzó a enseñar en la sinagoga y se encontró con escepticismo e incredulidad (Lc 4.24-30). La fe expectante es el terreno en el cual la Palabra de Dios da frutos.

«Entonces Esdras bendijo al Señor, el gran Dios. Y todo el pueblo, levantando las manos, respondió: "¡Amén y amén!" Luego adoraron al Señor, inclinándose hasta tocar el suelo con la frente» (Neh 8.6). Todos tenemos algo que aprender sobre la actitud de la gente en Jerusalén aquel día: un anhelo por escuchar a Dios mientras levantaban sus manos y, con

---

1.   J. I. Packer, *A Passion for Faithfulness: Wisdom from the Book of Nehemiah* (Wheaton: Crossway, 1995), 150.

reverencia y respeto inclinaban sus rostros. Es muy probable que estos dos elementos sean prerrequisitos para entender La Palabra de Dios y entrar en su presencia. Pero, es obvio que la gente no estaba idolatrando al propio libro, sino al Dios cuya voz estaban escuchando por medio de las Escrituras. Este versículo es importante porque nos recuerda que no debemos venerar la Biblia como tal: su propósito es llevarnos a la presencia de su autor, el Señor, el gran Dios.

Así que Nehemías 8 nos demuestra el elemento vital de la verdadera predicación: nos debería llevar a la presencia de Dios. Tal como dijera Jim Packer:

> La alegría que nos produce el estudio de la Biblia no consiste en la diversión de recopilar conjeturas esotéricas sobre Gog y Magog, Caín y Matusalén, los números bíblicos, la bestia y otros temas similares. Tampoco consiste en sentir satisfacción por analizar la traducción del texto (especialmente en los que son prolijos) y convertirlos en hermosos patrones de predicación, con encabezamientos bien numerados y redactados con rimas muy creativas. Más bien, se trata de una alegría muy profunda que nace de tener comunión con el Dios vivo a cuya presencia nos lleva la Biblia, es una alegría que solo sus verdaderos discípulos conocen.[2]

La predicación es el medio que produce un encuentro no solamente con la verdad, sino con el propio Dios.

Otra señal del hambre espiritual que tenía el pueblo era su seriedad. Estaban listos para soportar todo tipo de inconvenientes para poder escuchar la Palabra. Se pararon en la puerta del Agua desde el amanecer hasta el mediodía (v. 3), casi cinco horas, sin un descanso a la vista, porque anhelaban escuchar y entender lo que Dios quería decirles. Seguramente, este tipo de compromiso tenía que ver con el Espíritu de Dios. Habrá muchas cosas que tendremos que hacer para lograr que la Palabra de Dios sea accesible y entendible, como ya lo hemos expresado. Pero más que nada, necesitamos del Espíritu de Dios para que las personas tomen en serio su deseo de escuchar y reaccionar al mensaje.

---

2. Packer, *God Has Spoken*, 10.

Fueron obedientes

El pueblo respondió a la Palabra de varias maneras importantes. Vemos su respuesta inicial en el versículo 9: «Al oír las palabras de la ley, la gente comenzó a llorar», así que la primera vez que escucharon la ley se arrepintieron al darse cuenta que sus vidas no cumplían las normas que Dios había establecido. Pero, curiosamente, Esdras y Nehemías rápidamente situaron este fracaso dentro del contexto más amplio de los propósitos de Dios para su pueblo. Animado por sus dirigentes, el pueblo celebró, comió y bebió con felicidad (v. 12). Así que el efecto de la Palabra de Dios no era solamente que el pueblo llorase de arrepentimiento, sino que también se regocijara por la gracia de Dios. Una buena predicación, hoy en día, tendría que tener ese doble efecto.

El resto de los capítulos 8 y 9 demuestran el impacto de la Palabra en las personas. Primeramente, vemos que en el segundo día, cuando redescubrieron la ley acerca de la fiesta de los tabernáculos, y se dieron cuenta de que era la fecha en la que debían celebrarla, a continuación, salieron y lo hicieron (8.14-17). El punto aquí no es enfocarnos en los detalles de lo que hicieron, sino que, tan pronto como entendieron lo que decía la Palabra de Dios, y cómo se aplicaba en su contexto, la obedecieron. Su estudio de la ley era deliberado. Es interesante notar que Nehemías registra por segunda vez que hubo una gran alegría (v. 17), alegría cuando entendieron la Palabra de Dios (v. 12) y alegría cuando la obedecieron (v. 17). ¿No es acaso esta clase de gozo la que debemos buscar en nuestras iglesias por medio de la predicación fiel que produce obediencia?

Entonces, en Nehemías 9, el pueblo coloca su obediencia en una base firme. Celebraron una gran ceremonia de renovación del pacto, que culminó con estas solemnes palabras: «Por todo esto, nosotros hacemos este pacto y lo ponemos por escrito, firmado por nuestros gobernantes, levitas y sacerdotes» (9.38). Se trataba de una manifestación de su compromiso a obedecer la Palabra de Dios. Después exclamaron haberse comprometido bajo juramento «a vivir de acuerdo con la ley que Dios les había dado por medio de su servidor Moisés, y a obedecer todos los mandamientos, normas y estatutos de nuestro Señor» (10.29).

El pueblo estaba listo para la acción. Querían vivir sus vidas conforme a la Palabra de Dios, y demostrar en su comunidad que pertenecían a Dios. En esto consiste la importancia de la secuencia de estos capítulos: escuchar la Palabra de Dios, celebrar la bondad de Dios, conocer la gracia de Dios y obedecer las leyes de Dios. Vemos aquí la verdad en acción. Tal como hemos visto, la verdad es dinámica y transforma vidas: se nos ha llamado a cumplir la verdad, no solamente creer en ella. Y de esto se trata el propósito de la predicación, conducir a los oyentes hacia una fidelidad decidida.

Mientras aprendemos de la congregación en Jerusalén aquel día, podemos deducir varias lecciones para las iglesias de hoy en día: la predicación bíblica debe incluir a la congregación, debe ponerse en práctica, debe depender del Espíritu y debe proclamar la gracia de Dios en Cristo.

Capítulo 8

La predicación bíblica debe incluir la congregación

¿Te has dado cuenta cómo cierta clase de música atrae al oyente de forma natural? Comenzamos a mover los pies, luego la cabeza y empezamos a tararear. Los compositores y músicos saben lo que hacen: al repetir ciertas frases musicales o al improvisar en un riff de jazz con acordes repetidos, el público no solo escucha, sino es parte de la experiencia. Esto ocurre no solo con el jazz o el rock, pero también con la música clásica.

Un *ostinato* es un tema musical que se repite o se desarrolla gradualmente, pero de una forma que atrae al oyente. Se lo puede encontrar en la música africana, en una suite barroca o en boogie-woogie jazz. Es magnético, lo cual ayuda al oyente a involucrarse cada vez más a medida que la música se desarrolla.

Eso es lo que anhelamos con la predicación. La congregación no solamente escucha, sino realmente se involucra con el corazón, la mente y el alma, y se incorpora a la experiencia. Se logra esto en parte elaborando cuidadosamente un mensaje bíblico, enfatizando el tema central y repitiendo su refrán. Pero, mayormente, ocurre en un contexto más amplio, cuando se recibe la Palabra en la presencia de Dios y entre el pueblo de Dios.

¿Cómo podemos comparar la historia de Nehemías 8 con la iglesia de hoy en día? Por supuesto que vivimos en mundos y contextos totalmente distintos, pero estoy pensando en cómo la gente de la puerta de Agua se involucró con la lectura del libro de la ley. Para muchas congregaciones cristianas contemporáneas, el sermón puede ser la parte del culto cuando estamos más pasivos. He mencionado que hay encuestas que demuestran que la mayoría de los que asisten a la iglesia anhelan escuchar la Palabra de Dios. Pero, la verdad es que tenemos bajas expectativas a involucrarnos de alguna manera, y tal vez esta sea una razón por la que a veces nos sentimos decepcionados de la predicación. Somos simples observadores.

Cuando comienza el sermón pensamos en relajarnos por veinte minutos, y observar cómo se desempeña el predicador. Tal vez evaluemos cuán bien lo hizo, pero no nos vemos realmente como participantes.

Los ingredientes que forman la historia de Nehemías 8 revelan una dinámica muy diferente. La congregación anhela escuchar la Palabra de Dios, y le ruega a Esdras que proclame las Escrituras. Están dispuestos a pararse por horas escuchando con atención. Responden de una manera práctica inclinándose al suelo o levantando las manos. Y, de manera significativa, la lectura de la ley se complementa con reuniones más pequeñas donde se ofrece mayor explicación y debate. Luego, su obediencia a lo que habían escuchado y comprendido recibe un impulso al volver a celebrar la olvidada fiesta de las Enramadas, donde con gozo comen y beben y edifican enramadas como parte de la festividad religiosa: «conforme a lo que está escrito» (Neh 8.15). Luego, volvieron a escuchar la Palabra, día tras día, desde el primer día de la fiesta hasta el último (Neh 8.18). ¡Esta congregación era de todo menos pasiva!

¿Y si nuestras congregaciones estuvieran así de comprometidas? Por supuesto, un culto de domingo por la mañana en Yakarta o Jos es muy diferente a una fiesta de siete días en las calles de Jerusalén. Pero todavía uno se puede preguntar: ¿anhelo escuchar la Palabra de Dios, estoy dispuesto a dar generosamente de mi tiempo, respondo al mensaje con arrepentimiento, confesión, acción de gracias y adoración, estoy dispuesto a meditar en sus conclusiones, llevar a la práctica mi obediencia? El resultado que se espera, como lo sugirió un escritor en una frase provocativamente ambigua, es que la predicación debe expulsar a la gente de la iglesia. La Palabra predicada debe capturar los corazones, las mentes y la voluntad de las personas para que se encarne y se anuncie en el mundo. La predicación debe ser un evento comunitario precisamente por esta razón. Exploremos algunas de estas dimensiones.

La presencia de Dios con su pueblo

Comenzamos reconociendo el significado de reunirnos como iglesia. Así como nuestras expectativas sobre el sermón pueden ser limitadas, así también pueden ser nuestras expectativas sobre la vida corporativa de la iglesia. Pero deberíamos recordar la sencilla promesa de nuestro Señor Jesús: «Porque donde dos o tres se reúnen en mi nombre, allí estoy yo en medio de ellos» (Mt 18.20). Pronto veremos que Cristo es el tema de la predicación bíblica, pero la promesa de este versículo nos recuerda de su presencia cuando los creyentes se reúnen para escuchar la Palabra. En un capítulo exigente sobre la disciplina de la iglesia en Corinto, Pablo utiliza una frase importante respecto a la iglesia que se reúne en el nombre del Señor Jesús: «Cuando se reúnan en el nombre de nuestro Señor Jesús, y con su poder yo los acompañe en espíritu...» (1Co 5.4). Recalca el mismo punto más adelante en la epístola cuando aborda el papel que juega la profecía y el don de lenguas en los cultos de la iglesia: el no creyente que entra en una comunidad cristiana «se postrará ante Dios y lo adorará, exclamando: « ¡Realmente Dios está entre ustedes!» (1Co 14.25)

En un breve libro excepcionalmente útil sobre este tema, William Philip subraya la necesidad de que cada miembro de la congregación participe cada vez que se predique la Palabra de Dios.

> Un enfoque colectivo adecuado también nos libera de la noción equivocada de que el resto de la congregación se mantiene pasiva en el proceso de predicación, como simples receptores de la enseñanza de la Biblia, que acumulan conocimiento e información, pero sin estar involucrados en lo absoluto. Podemos ver que nada podría estar más lejos de la verdad, si consideramos lo que está sucediendo en términos de un encuentro real con Dios. Juntos nos acercamos a Dios, a medida que él se acerca a nosotros por medio de su Palabra.[1]

Como vemos a partir de la epístola a los hebreos, reunirnos no es un fin en sí mismo. El objetivo es siempre reunirnos para que juntos podamos encontrarnos con Dios.

Si bien hay cierto valor en descargar mp3 de predicadores famosos o escuchar mensajes en línea, esto jamás podrá sustituir la experiencia de escuchar la Palabra de Dios en su presencia y en medio de su pueblo. De esto se trata el contexto de la predicación bíblica, donde la Palabra, el Espíritu y la congregación se combinan.

---

1. William Philip, 'Concerning Preaching', PT Media, Paper No. 1 (2002): 16.

El regalo de Dios para su pueblo

Es obvio que la predicación debe ser un evento colectivo, a menos que el predicador este practicando frente al espejo. El punto central de los dones que el Cristo resucitado nos dio y que Pablo describe en Efesios 4, es que se enfocan completamente en la comunidad, «a fin de capacitar al pueblo de Dios para la obra de servicio, para edificar el cuerpo de Cristo. De este modo, todos llegaremos a la unidad de la fe y del conocimiento del Hijo de Dios, a una humanidad perfecta que se conforme a la plena estatura de Cristo» (ver Ef 4.7-13). Así que no nos enfocamos exclusivamente en aquel que ha sido llamado a enseñar, sino en el propósito de Dios para toda la congregación, a quien ha dado su Palabra y para quienes ha dado el don de la enseñanza. Y si bien reconocemos el papel del pastor-maestro en la congregación, nunca debemos elevar su ministerio indebidamente, ya que todos los dones han sido dados para edificar a la congregación y para la gloria de Dios, no para aumentar la fama y alimentar los egos. De hecho, las Escrituras manifiestan que cada creyente ha sido llamado al ministerio de la Palabra en su congregación local: «Que habite en ustedes la palabra de Cristo con toda su riqueza: instrúyanse y aconséjense unos a otros con toda sabiduría…» (Col 3.16).

El pueblo de Dios en acción

Vimos que la congregación de Jerusalén en Nehemías 8 estaba totalmente involucrada mientras se leía y explicaba la Palabra. ¿Cómo puede cada creyente cumplir su parte mientras se proclama la Biblia? Tenemos tres grandes responsabilidades:

1. Realmente prestar atención

Jesús insistía de manera especial en que sus oyentes realmente prestaran atención a lo que les decía: «El que tenga oídos para oír, que oiga» (Mr 4.9, 23; Lc 8.8), y algunos escritores relacionan este conocido mandamiento con el comienzo del credo diario de Israel: «Oye, Israel» (Dt 6.4). Pero los oyentes necesitan ayuda. Prestar atención significa que tendremos responsabilidades antes, durante y después del sermón. Antes del sermón, los predicadores deben encontrar maneras de estimular a las congregaciones a que oren y esperen oír lo que Dios tiene que decir mediante su Palabra. Siempre que sea posible, deberíamos ofrecer alguna introducción al pasaje que predicaremos. Si hemos planeado predicar una serie de sermones que durará varias semanas, entonces debemos alentar a la congregación a que lea el pasaje con anterioridad. Durante el sermón, debemos animar a los oyentes a que se conecten con el pasaje. Una de mis hijas disfrutó ser parte de una congregación por varios años donde el pastor, Mark Ashton, era conocido por una frase particular durante sus predicaciones: «¡lean sus Biblias!» Es un buen consejo, que anima a todos a reconocer la autoridad de la Biblia y descubrir su mensaje. Desde luego, en lo posible debemos animar a los oyentes a que tengan una Biblia abierta mientras predicamos. En una era donde el pasaje bíblico se puede proyectar en un instante, yo todavía animaría a las iglesias a que eviten hacer esto, y que se anime a que todos tengan una Biblia en mano, ya sea impresa o en dispositivos electrónicos. Encontrar el pasaje, revisar los versículos, ver el contexto, tratar de entender el significado, corroborar con la predicación, todas son disciplinas importantes que debemos fomentar.

Cualquiera que sea el nivel de lectura que tenga nuestra congregación, deberíamos fomentar las disciplinas como, por ejemplo, anticipar, enfocarse, memorizar, debatir, orar y poner en práctica. En otras palabras, los congregantes no deben acomodarse en sus asientos cuando comienza el sermón, esperando sencillamente evaluar el rendimiento del predicador. Aprendemos mucho de la respuesta del pueblo de Dios a lo largo de las Escrituras: el pueblo esperó un encuentro con Dios, estaba listo para responder a la Palabra de Dios y dispuesto a ser transformado por su poder. Hemos visto que la predicación debe de ser un evento dinámico y divino. Como lo dijo Lutero: «Tan solo lancé la Biblia a la congregación y la Palabra hizo su trabajo».[2] O como lo expresó Tom Wright: «La predicación debe ser una ocasión donde, por así decirlo, Dios aparece».[3]

Al describir la visión puritana de la vida cristiana, Jim Packer resalta algunas lecciones importantes sobre la predicación, una que se relaciona con la fuerte participación de la congregación:

---

2. Citado por David Jackman, en *The Practical Preacher*, ed. William Philip (Tain: Christian Focus/Londres: Proclamation Trust Media, 2002), cap. 3, p. 56.

3. Citado por Michael Quicke, *360-Degree Preaching* (Grand Rapids: Baker Academic, 2003), 44.

> Enseñaron a sus congregaciones a memorizar los sermones que escuchaban, cotejando referencias, tomando notas de ser necesario, para que luego pudieran «repetir» el mensaje y reflexionar acerca del mismo durante la semana. El ministerio de la Palabra era entonces una actividad cooperativa, donde la congregación debía esforzarse por aprender al mismo grado que el pastor se había esforzado por enseñar.[4]

Al describir las distintas maneras en que la gente escucha y que se hallan en una congregación típica, Michael Quicke ofreció a sus oyentes una seria de desafíos, que incluían escuchar con toda la mente, el corazón, el alma y la fuerza. Nos anima a cuestionar e interactuar con los puntos y flujo del sermón:

> Aunque la persona promedio habla a una velocidad de 125 a 150 palabras por minuto, la persona promedio puede escuchar a una velocidad de 500 palabras por minuto, una diferencia que permite que la mente divague… Mejorar la concentración conlleva centrarse en el orador, seguir sus palabras, anticipar el siguiente punto y evaluar lo que se ha dicho hasta ese momento.[5]

Muchas iglesias ayudan a sus congregantes proporcionándoles un bosquejo en el programa del culto, con espacio para que puedan escribir sus anotaciones, o incluso hacer una pausa durante el sermón para que haya un tiempo de meditación en silencio o una discusión breve o un tiempo de oración para toda la congregación. Jesús fue completamente realista cuando sugirió en la parábola del sembrador que todos tenemos problemas en nuestras vidas que interfieren con nuestra respuesta hacia la Palabra (Lc 8.1-15). Entonces, debemos hacer todo lo posible, de una manera práctica y con preparación espiritual, para crear condiciones favorables, es decir, un buen terreno que reciba la Palabra. El predicador tampoco debe subestimar lo que ya hemos abordado en el capítulo 7: que el predicador debe encarnar la Palabra, debe hacerla visible y real. La razón de ello es porque la disposición que la congregación muestra para escuchar, dependerá en gran medida de nuestra capacidad de confiar en

---

4. Packer, *A Quest for Godliness*, 281ss.
5. Quicke, *360-Degree Preaching*, 196.

el predicador. Un predicador que lleva una vida contradictoria apaga la disposición que tenemos a escucharlo con respeto.

En años recientes, los expertos sobre el tema de la predicación han resaltado lo importante que es aprender, no tan solo enseñar. De hecho, hay varios pasos sencillos que podemos tomar para reforzar nuestro aprendizaje y mejorar nuestra respuesta. Los predicadores pueden ser de ayuda en estos pasos en la manera que presentan su sermón, asunto que ya hemos tratado varias veces. Una manera obvia es dialogar, tal como lo hizo Pablo en sus escritos y en su predicación. Sé que otros han dicho que esto no es hacer que la congregación participe, pero muchos de nosotros hemos experimentado el valor de esta clase de reto. Pablo a menudo presionaba a sus oyentes: «Examínense para ver si están en la fe; pruébense a sí mismos. ¿No se dan cuenta de que Cristo Jesús está en ustedes? (2Co 13.5); «Ustedes estaban corriendo bien. ¿Quién los estorbó para que dejaran de obedecer a la verdad? Tal instigación no puede venir de Dios, que es quien los ha llamado» (Gá 5.7).

> Un predicador que lleva una vida contradictoria apaga la disposición que tenemos a escucharlo con respeto.

Luego, es importante tener un tiempo de reflexión, un espacio de tiempo de modo que los cultos se programen de forma tal que haya tiempo de meditación luego del sermón. Otros prefieren debatir el sermón durante un breve almuerzo, haciéndole preguntas al predicador, pero definitivamente analizando el pasaje bíblico e intercambiando opiniones con los demás creyentes. Todo ello puede marcar la diferencia a la hora de abordar la Palabra y sus conclusiones (ver el Apéndice 7, que ofrece preguntas para evaluar un sermón). Algunas iglesias deciden conectar el tema del sermón del domingo con los estudios bíblicos semanales, lo cual no siempre es fácil, pero ofrece un valioso refuerzo de la enseñanza, si el programa de la iglesia así lo permite.

Vale la pena ofrecer algún tipo de folleto acerca de cómo escuchar sermones con atención. Por ejemplo, *¡Presten atención!* de Christopher Ash contiene información valiosa que anima y también incluye consejos prácticos acerca de cómo escuchar malos sermones.[6]

---

6. Christopher Ash, *Listen Up! A Practical Guide to Listening to Sermons* (Epsom: The

2. Orar con expectativa

La congregación de Jerusalén definitivamente anhelaba escuchar la Palabra, y sabemos también que la mayoría de las personas que van a la iglesia el día de hoy esperan con ansias escuchar el sermón, y esperan recibir dirección o aliento o desafío. La oración expectante es ciertamente el complemento básico de la predicación fidedigna. Por definición, la predicación es un evento de la comunidad que presenta responsabilidades de la colectividad, entre otras, la necesidad de clamar al Señor para que nos hable. Y podemos estar seguros de que él responderá a esa clase de oración: «Clama a mí y te responderé» (Jer 33.3).

La invitación del Señor para el sediento, que la ofrece por medio de Isaías, es un hermoso pasaje para que oremos con expectativa mientras nos preparamos a escuchar el sermón.

> ¡Vengan a las aguas
> todos los que tengan sed!
> ¡Vengan a comprar y a comer
> los que no tengan dinero!
> Vengan, compren vino y leche
> sin pago alguno.
> ¿Por qué gastan dinero en lo que no es pan,
> y su salario en lo que no satisface?
> Escúchenme bien, y comerán lo que es bueno,
> y se deleitarán con manjares deliciosos.
> Presten atención y vengan a mí,
> escúchenme y vivirán.
> Haré con ustedes un pacto eterno,
> conforme a mi constante amor por David.
> Lo he puesto como testigo para los pueblos,
> como su jefe supremo.
> Sin duda convocarás a naciones
> que no conocías,
> y naciones que no te conocían
> correrán hacia ti,

Good Book Company, 2009). Otra obra valiosa sobre este tema es la de David Day, *Embodying the Word* (Londres: SPCK, 2005).

gracias al Señor tu Dios,
el Santo de Israel,
que te ha colmado de honor».
Busquen al Señor mientras se deje encontrar,
llámenlo mientras esté cercano. (Is 55.1-6)

William Philip dice que en el Nuevo Testamento la oración comunitaria está tan profundamente relacionada con el ministerio de la Palabra que son inseparables, y cita a Efesios 6 para dejarlo claro: «tomen… la espada del Espíritu, que es la palabra de Dios. Oren en el Espíritu en todo momento, con peticiones y ruegos. Manténganse alerta y perseveren en oración por todos los santos» (Ef 6.17-18). ¡Cuanto más podría hacer Dios en nuestras vidas e iglesias si lográsemos realmente prestar atención de una manera activa y orar con expectativa para compenetrarnos en su Palabra!

3. Resuelto a obedecer

Tal como lo habíamos sugerido anteriormente, la predicación debería expulsar a la gente de la iglesia (¡en el buen sentido!). Toda predicación debería provocar cambio, como veremos en el próximo capítulo. Sin este elemento, la predicación pierde su propósito peculiar. Pero el oyente debe escuchar de una manera realmente cristiana, resuelto a obedecer. Hemos visto la secuencia en Nehemías 8 y 9, cuando el pueblo escuchó la Palabra de Dios, celebró su bondad y obedeció los mandamientos de Dios. Hemos visto que Esdras no solo se había comprometido a estudiar y enseñar la ley, sino que también estaba resuelto a obedecerla. Estar resuelto a obedecer significa que me he apropiado del pasaje bíblico, he escuchado la Palabra, la he considerado una compañera, y he permitido que la semilla caiga en buen terreno y produzca fruto. Santiago no pudo ser más claro: «No se contenten solo con escuchar la palabra, pues así se engañan ustedes mismos. Llévenla a la práctica» (Stg 1.22).

Deberíamos hacer lo mismo.

Para la reflexión personal y estudio en grupo

➤ ¿De qué maneras prácticas podemos ayudar a nuestras congregaciones a que realmente se involucren con las Escrituras cada vez que se reúnen para adorar y aprender?

➤ ¿Cómo podemos ayudar a las personas a aplicar el sermón en sus vidas? ¿De qué maneras puede la iglesia reafirmar las enseñanzas o fomentar que se lleve a la práctica?

➤ ¿Cómo podemos establecer maneras de escuchar a la congregación y aprender de ella?

Capítulo 9

La predicación bíblica debe llevarse a la práctica

El arte de la predicación consiste en su aplicación, sugiere Alec Motyer, y entendemos el por qué. Las encuestas sugieren que la gran mayoría de cristianos que se congregan en las iglesias anhela escuchar una palabra de parte de Dios que logre cambiar sus vidas. Estamos hambrientos por la Palabra, ansiosos de verla moldear nuestras familias e iglesias, estamos a menudo desesperados de saber el camino que debemos tomar y cómo acceder a la ayuda que necesitamos. Queremos ver la Palabra en acción. Esdras y Nehemías compartieron la Palabra de Dios no solo como un ejercicio religioso, un deber que debían cumplir ahora que los muros habían sido reconstruidos. Lo consideraron como la nueva constitución del pueblo de Dios, y sabían que era fundamental para formar sus vidas, sus familias, su actividad económica, sus relaciones y su comunidad.

Vimos en el capítulo 6 que no se trata de «intentar que la Biblia sea relevante». Si la explicamos de manera fiel y clara, hablará a cada aspecto de nuestra condición humana. Y debemos esperar esto: la Palabra de Dios cumple su objetivo. La Biblia no solo nos dice cosas; hace cosas. Como lo expresó el pastor teólogo Peter Adam, la afirmación más importante del Nuevo Testamento sobre sí mismo es que es eficaz. Así que, cuando nuestra predicación está basada en la Biblia y recibe poder del Espíritu Santo, tiene entonces la capacidad de transformar vidas, familias y comunidades. El objetivo de la predicación es proclamar la Palabra de Dios de una forma clara para que, por medio del Espíritu Santo, las personas la entiendan desde su propia situación y la obedezcan. Toda predicación debe tener el poder de transformación, que cause que el oyente reflexione y luego tome una decisión que se traduzca en acción.

Sabemos que Jesús no dejó espacio para la neutralidad o el aburrimiento en sus sermones. Y en el libro de los Hechos, Lucas a menudo describe cómo reaccionaba la gente, no con apatía, sino con alegre aprobación o sobresalto o asombro o incluso hostilidad. La predicación busca cambiar vidas. Como Pablo dijo acerca de los romanos: «Pero gracias a Dios que… se han sometido de corazón a la enseñanza que les fue transmitida» (Ro 6.17).

Entonces podríamos insistir que la tarea del predicador es tan solo proclamar la Palabra; el Espíritu Santo es el responsable de poner en acción esa verdad y transformar al oyente. Sin embargo, no debemos descartar nuestra responsabilidad tan rápidamente. Tal como John Stott lo indicó muchos años atrás, las doctrinas de la encarnación y la inspiración demuestran la preocupación de Dios por llegar al ser humano a partir de idiomas y contextos culturales específicos. Estos fueron eventos muy particulares.[1] De la misma manera, nuestra preocupación debe ser que esa misma Palabra logre ingresar a los contextos particulares de nuestros tiempos. Esto, de ninguna manera reduce nuestra entrega o convicción en torno al poder de esa Palabra. Pero la gran preocupación de Nehemías 8 es la misma de toda predicación bíblica, esto es, asegurarnos que nuestros oyentes logren comprender la Palabra. Nuestra tarea debe incluir la resolución que el Espíritu Santo nos da para llevar a cabo este objetivo. Tal como lo expresa Bryan Chapell: «Sin él "¿y qué?" le predicamos a un "¿a quién le importa?"».[2] Nos debe preocupar que la Palabra logre hallar su lugar en los corazones y las mentes de nuestros oyentes, así que abordaré tres temas relativos a su aplicación. El primero se refiere a la naturaleza de las Escrituras; el segundo, al papel que juega la congregación; y el tercero, a la responsabilidad del predicador.

El propósito de la predicación

La mejor y más conocida descripción sobre el propósito de las Escrituras se encuentra en los escritos de Pablo a Timoteo: «Toda la Escritura es inspirada por Dios y útil para enseñar, para reprender, para corregir y para instruir en la justicia, a fin de que el siervo de Dios esté enteramente capacitado para toda buena obra» (2Ti 3.16-17). El propósito de Dios es

---

1. J. R. W. Stott, 'Preaching and the Preacher,' en *For Such a Time as This: Perspectives on Evangelicalism, Past, Present and Future*, ed. Steve Brady y Harold Rowdon (Londres: Scripture Union/Evangelical Alliance, 1996), 89.
2. Chapell, *Christ-Centered Preaching*, 52.

transformarnos, así que predicar las Escrituras significa abrir un pasaje de tal manera que el mensaje sea claro y sus implicaciones para el cambio sean obvias.

Pablo demostró esto en sus consejos a Tito. No solo lo animó a que enseñara según la doctrina apostólica (Tito 2.1), sino que también le dijo exactamente lo que debía enseñar:

> A los ancianos, enséñales que sean moderados, respetables, sensatos, e íntegros en la fe, en el amor y en la constancia. A las ancianas, enséñales que sean reverentes en su conducta, y no calumniadoras ni adictas al mucho vino. Deben enseñar lo bueno y aconsejar a las jóvenes a amar a sus esposos y a sus hijos, a ser sensatas y puras, cuidadosas del hogar, bondadosas y sumisas a sus esposos, para que no se hable mal de la palabra de Dios. A los jóvenes, exhórtalos a ser sensatos. (Tito 2.2-6)

Claro que, al ver estas instrucciones que se escribieron en el primer siglo, los predicadores y las congregaciones tendrán que evaluar las repercusiones para la vida cristiana en un siglo y culturas distintas. Pero el punto es claro: la enseñanza se da en el contexto de una exposición cuidadosa, fidelidad doctrinal y exhortación práctica.

Obviamente, Santiago tiene mucho que decir al respecto. Sus escritos expresan la sabiduría de todas las Escrituras, esto es, saber cómo vivir según la voluntad de Dios en este mundo que le pertenece. A la Biblia no le interesa el conocimiento que se queda en la cabeza. Se podría decir que incluso no «sabemos» nada hasta que no lo hayamos puesto en práctica. Santiago establece la conexión entre la verdad de la Palabra y la necesidad de vivir vidas santas, integras y ordenadas. En el capítulo 1, nos advierte tres veces sobre el peligro del autoengaño: «no se engañen…» (1.16); «No se contenten solo con escuchar la palabra, pues así se engañan ustedes mismos. Llévenla a la práctica» (1.22); «Si alguien se cree religioso, pero no le pone freno a su lengua, se engaña a sí mismo, y su religión no sirve para nada» (1.26). Entonces, ¿cómo podemos evitar engañarnos? ¿Cómo podemos vivir correctamente en un mundo apartado de Dios, lleno de padecimientos y tentaciones? Lo hacemos escuchando y obedeciendo la Palabra de Dios. En el capítulo 1 hay tres referencias a la verdad: «Por su propia voluntad nos hizo nacer mediante la palabra de verdad, para que fuéramos como los primeros y mejores frutos de su creación» (1.18); «Despójense de toda inmundicia… para que puedan recibir con humildad la palabra sembrada en ustedes» (1.21); «No se contenten solo con escuchar la palabra… Llévenla a la práctica» (1.22).

Esto es increíblemente práctico. No se requiere mucha imaginación para ver cómo la Biblia se conecta con nuestras vidas. Ralph Davies comenta que, si un predicador está plenamente consciente de su propia depravación, no tendrá mucho problema cuando ponga en práctica las Escrituras. «Saca provecho de tu naturaleza pecaminosa», sugiere Davies. «Lograrás poner en práctica la Palabra de Dios, en su forma narrativa, con mucho más poder… y más bondad».[3] El punto aquí es que parte de nuestra tarea a la hora de explicar la Biblia consistirá en hacer conexiones con nuestras vidas diarias, mostrando cómo impacta nuestro diario vivir. El Salmo 119 lo afirma repetidamente:

> No se requiere mucha imaginación para ver cómo la Biblia se conecta con nuestras vidas.

> De tus preceptos adquiero entendimiento;
> por eso aborrezco toda senda de mentira.
> Tu palabra es una lámpara a mis pies;
> es una luz en mi sendero. (Sal 119.104-105)

Involucrar a la congregación

En el capítulo 6, vimos la necesidad de entender la Palabra tanto como el mundo. John Stott se refirió a esto como «escuchar dos veces». Mark Greene propuso un ingrediente adicional en la mezcla cuando escribió sobre el «predicador con tres oídos», es decir, que escucha la Palabra y el mundo, pero también escucha cuidadosamente a su congregación. Como ya hemos visto, esto hace que el trabajo de la predicación sea una actividad en comunidad. Este oído adicional es muy importante. Prestar mucha atención a aquellos a quienes nos dirigimos es algo que asumimos

---

3. Dale Ralph Davies, *The Word Became Fresh: How to Preach from Old Testament Narrative Texts* (Fearn, Scotland: Christian Focus Publications, 2006), 93.

como central en la tarea del asesoramiento y la atención pastoral, y las mismas disciplinas de escuchar con atención y observar tienen que ser parte de la labor del predicador también.

Se dijo que John Wesley se esforzaba mucho por entender las necesidades de su congregación y que se sentaba literalmente en los asientos de su audiencia tratando de imaginarse cómo su mensaje se escucharía y sería recibido por distintas personas. Otra práctica que algunos predicadores aconsejan es escribir en nuestros apuntes preparatorios los nombres de las personas que sabemos escucharán el mensaje, a manera de breves recordatorios de sus necesidades. De hecho, esto podría formar parte de nuestro tiempo de «orar la Palabra», que vimos en el capítulo 2. Mientras meditamos en la verdad de las Escrituras, reflexionaremos primeramente en sus repercusiones para nuestras propias vidas, así como también para las vidas de nuestros hermanos creyentes. Esto requiere no solo de nuestro razonamiento, sino también de nuestra imaginación y de nuestras emociones.

Se trata sencillamente de otra forma de volver a recalcar que debemos compartir el evangelio a nuestras vidas también. Mientras más «profesionales» seamos, más distantes nos hacemos. Junto con nuestros hermanos creyentes debemos reconocer nuestra necesidad de la gracia de Dios. Tal como D. T. Nides dijo sobre la evangelización, que se trata de un mendigo diciéndole a otro mendigo dónde se puede encontrar pan. Así que, en toda predicación, es fundamental ser auténticos. Tal vez existan técnicas que debemos aprender acerca del contacto visual o el ritmo correcto a seguir. Pero lo que importa más que nada es no ser falso o sermonear, sino ser nosotros mismos, dando a conocer nuestra personalidad, nuestra humanidad, nuestra necesidad de la gracia de Dios.

Poner en práctica la Palabra de Dios es responsabilidad de todo el pueblo de Dios. En el capítulo anterior, vimos que cada vez que se predica la Biblia, todos se involucran. Como en Jerusalén, la congregación de hoy debe escuchar, evaluar, reflexionar, discutir, poner en práctica y obedecer. Sabemos que debemos encontrar maneras para que esto ocurra, pero más que nada, es cuestión de tener convicción sobre el significado de la Palabra. ¿Cuál es el agente de cambio en este mundo caído? ¿Qué es lo que hará presente el reino y producirá una transformación verdaderamente duradera, esa liberación radical que las personas anhelan? Jesús nos da la respuesta: «La semilla es la palabra de Dios» (Lc 8.11). Si la metáfora de la semilla nos recuerda sobre la aparente vulnerabilidad, de precariedad, del lento crecimiento, entonces también nos recuerda sobre otra verdad: que la semilla es algo potente y que da vida. En última instancia, la semilla producirá una cosecha de granos que sustentarán la vida. Y Jesús insistió en este punto. Sus palabras debían escucharse y obedecerse. Su mensaje no era simple propaganda, ni una serie de sencillas afirmaciones que debían afirmarse para poder ingresar al reino. La Palabra en sí misma es poderosa, que produce el cambio radical necesario. Isaías explica que algunas cosas en la naturaleza ocurren inevitablemente: si eres un granjero paciente, sabrás que, junto con la semilla, se necesita sol, humedad y buena tierra. El mundo espiritual es como el mundo natural. Cuando Dios envía su Palabra, esta logra su propósito. Cuando Dios habla, algo sucede. Nada puede detener o desviar su Palabra: «hará lo que yo deseo y cumplirá con mis propósitos» (Is 55.11).

Así que, mientras meditamos sobre nuestra responsabilidad de reaccionar frente a la Palabra, nuestra tarea consiste en recibir ese poder que da vida: «Por esto, despójense de toda inmundicia y de la maldad que tanto abunda, para que puedan recibir con humildad la palabra sembrada en ustedes, la cual tiene poder para salvarles la vida» (Stg 1.21)

Insistir en el mensaje

Eric Alexander cuenta la historia de alguien que describió a Robert Murray McCheyne de Dundee: «Mientras desarrollaba su sermón, me parecía que se acercaba cada vez más hasta llegar al corazón, exponiendo la Palabra de Dios a toda tu vida».[4] ¿Has tenido alguna vez esa experiencia? La razón por la que la predicación es importante, es porque proclamamos las buenas noticias de Dios misericordioso. Anhelamos que su Palabra consuele al abatido, fortalezca al débil, confronte al autosuficiente, perturbe al autocomplaciente, guíe al indeciso, capacite al discípulo, permita que la iglesia se proyecte, desafíe a la sociedad… y mucho más. La necesidad central de la predicación pastoral es abordar también los sentimientos, apelar al corazón, así como a la mente y la voluntad. Las necesidades de las congregaciones

---

4. Citado por Eric J. Alexander, *What Is Biblical Preaching?* (Phillipsburg: P & R Publishing, 2008), 27.

son muy diversas, y esto requiere sensibilidad a la hora de predicar: «No tenemos la libertad de predicar la Palabra de una manera indiferente sin que nos importe si nos están escuchando, o si nuestro público está formado por bancos de madera en lugar de personas de carne y hueso».[5]

Una exposición fiel seguirá la dirección del pasaje bíblico, y este hará su trabajo. Nuestra tarea es asegurarnos que sea claro y fácil de entender, que se dirija al tema central o al corazón del pasaje, que revele sus eternas repercusiones de manera clara para beneficiar a nuestros oyentes: « ¿Por qué es importante este pasaje para mí y qué debo hacer en respuesta a ello?».

Recuerda lo que Jesús le dijo al joven rico. Jesús conocía su corazón, sus intenciones y su idolatría, y fue muy directo con él: «Si quieres ser perfecto, anda, vende lo que tienes y dáselo a los pobres, y tendrás tesoro en el cielo. Luego ven y sígueme» (Mt 19.21). La predicación de Pablo era también muy directa a la hora de nombrar pecados que debían abandonarse y virtudes especificas que se debían seguirse. Los predicadores del Nuevo Testamento trataron con la conciencia, a partir de minuciosas explicaciones que se dirigían a la mente, y exigían una respuesta a la gracia de Dios.

Entonces, la predicación debe administrar la verdad de las Escrituras al orador y al oyente, con el primerísimo interés de insistir en el mensaje, para que, por medio del poder de la Palabra y el Espíritu, el oyente logre entender y responder.

---

5. Stott, 'Preaching and the Preacher', 89.

Para la reflexión personal y estudio en grupo

➤ ¿Cómo podemos elaborar un programa de predicación en la iglesia que logre proclamar «todo el propósito de Dios» (Hch 20.27)?

➤ ¿Cómo podemos asegurarnos que ese programa de predicación aborde temas tan fundamentales como el discipulado cristiano, la vida familiar, el trabajo y la sociedad? ¿Cuáles son otras maneras en que la iglesia podría abordar estos temas, además del programa regular de predicación?

➤ ¿Cómo podemos asegurarnos que nuestro sermón contenga de principio a fin la aplicación de la verdad de Dios y que no sea solamente en los tres minutos finales de la conclusión?

Capítulo 10

La predicación bíblica debe depender del Espíritu de Dios

Se dice que el gran predicador bautista, C.H. Spurgeon, tenía la costumbre de repetir en voz baja cuando subía los peldaños del púlpito en el Tabernáculo Metropolitano de Londres: «Creo en el Espíritu Santo, creo en el Espíritu Santo».

Incluso si esta anécdota no haya sido cierta, el ministerio de Spurgeon afirmó la importancia de la obra del Espíritu: «Los hombres pueden ser pobres e incultos, puede que no se expresen bien ni tengan conocimientos gramaticales; pero si el poder del Espíritu los acompaña, el evangelista más humilde sería más exitoso que el más sabio o el más elocuente de los predicadores».[1]

Depender de la presencia y el poder del Espíritu es fundamental para la proclamación de la Palabra de Dios. Y aunque es cierto que queremos prepararnos con destrezas que nos permitan entender las Escrituras, y examinar las mejores técnicas de la hermenéutica y la homilética, el gran peligro es que este llamado se reduzca a un simple ejercicio técnico. Pero como lo dijo Eric Alexander, la predicación es un ejercicio espiritual: «Es posible que uno llegue a alcanzar una homilética brillante, que tenga fluidez de palabra y profundidad teológica, que posea precisión y ortodoxia bíblica, y sea espiritualmente inútil».[2]

¡Tan solo tenemos que ver cómo Jesús, Pablo y Pedro dependieron del Espíritu Santo para entender que nosotros también necesitamos hacer lo mismo! Cuando Jesús estuvo en la sinagoga de Nazaret, identificó a Isaías 61.1 consigo mismo:

---

1. Citado por Robert Lescelius, 'Spurgeon and Revival', *Reformation and Revival* 3, no. 2 (Spring 1994).
2. Alexander, *What Is Biblical Preaching?* 11-12.

> «El Espíritu del Señor está sobre mí,
> por cuanto me ha ungido
> para anunciar buenas nuevas a los pobres» (Lc 4.18)

Los apóstoles «predicaron el evangelio por medio del Espíritu Santo enviado del cielo» (1P 1.12). Y Pablo declaró dos veces que su predicación dependía del Espíritu Santo: «porque nuestro evangelio les llegó no solo con palabras, sino también con poder, es decir, con el Espíritu Santo y con profunda convicción» (1Ts 1.5), y «no les hablé ni les prediqué con palabras sabias y elocuentes, sino con demostración del poder del Espíritu, para que la fe de ustedes no dependiera de la sabiduría humana, sino del poder de Dios» (1Co 2.4-5).

Este capítulo se ubica en la sección que trata con «la congregación y el propósito de la predicación», porque la obra del Espíritu Santo sucederá tanto en el oyente como en el predicador. De hecho, para cada creyente, la vida cristiana es vida en el Espíritu.

El Espíritu y la Palabra

En todo ministerio cristiano el Espíritu y la Palabra deben estar juntos. Sabemos que puede suceder una polarización lamentable, tanto así que se ha caricaturizado indebidamente a ciertas iglesias como centradas en la Palabra, pero carentes del Espíritu, mientras que se dice de otras que se han dedicado al Espíritu, pero han descuidado la Palabra. Sin embargo, cualquier clase de divorcio entre la Palabra y el Espíritu es imposible y no es bíblico.

En primer lugar, *el Espíritu inspira las Escrituras*. Pedro nos recuerda que «Ante todo, …tengan muy presente que ninguna profecía de la Escritura surge de la interpretación particular de nadie. Porque la profecía no ha tenido su origen en la voluntad humana, sino que los profetas hablaron de parte de Dios, impulsados por el Espíritu Santo» (2P 1.20-21). Los autores bíblicos fueron conmovidos por el Espíritu, «impulsados» como el viento impulsa un barco. El Espíritu de Dios, que obraba por medio de distintas personalidades, contextos y culturas de sus autores humanos, supervisó la creación de las Escrituras, y que ahora queremos entender, obedecer y proclamar.

En segundo lugar, *el Espíritu ilumina a los que oyen las Escrituras.* El Espíritu obra en los corazones y mentes de los creyentes, y los ayuda a que reciban la Palabra. Sin la obra del Espíritu de Dios, jamás podríamos entender el evangelio. Pablo lo deja en claro en su epístola a los Corintios, habiendo primero descrito cómo los apóstoles mismos habían recibido al Espíritu y hablaban con palabras que el Espíritu les había enseñado: «El que no tiene el Espíritu no acepta lo que procede del Espíritu de Dios, pues para él es locura. No puede entenderlo, porque hay que discernirlo espiritualmente…Nosotros, por nuestra parte, tenemos la mente de Cristo» (1Co 2.14-16).

En tercer lugar, *el Espíritu prepara a los creyentes,* y esto incluye a todo creyente que ha sido llamado a proclamar el mensaje del evangelio y confesar la autoridad de Cristo. Esto es imposible sin el Espíritu (1Co 12.3). Los dones de la iglesia, incluso los que ministran la Palabra, los da el Espíritu, según su voluntad (1Co 12.11). Nuestras habilidades tanto para entender como para enseñar las Escrituras son la obra del Espíritu Santo en los creyentes y en la iglesia local.

Esta es la razón por la cual necesitamos mantener a la Palabra y al Espíritu juntos. En su obra *Listening to the God who speaks* (Escuchar al Dios que habla), Klaus Bockmuehl nos recuerda sobre el trabajo del Espíritu Santo:

> El Espíritu Santo es el «maestro interno», como solía llamarlo la iglesia antigua. Él nos trae la presencia continua de Cristo como mediador, comunicador, constructor de puentes, «el intermediario» de Dios. Los pasajes en Juan que tratan sobre el Espíritu Santo están llenos de verbos de comunicación. Entonces, el Espíritu Santo es el maestro que habla, reprime, nos recuerda y guía. En círculos cristianos, a menudo se lo representa sencillamente como el facilitador, y por lo tanto queda reducido a una «fuerza» muda o un agente impersonal.[3]

Esto ofrece un tremendo aliento a todo aquel que ejerce el ministerio de la Palabra. Cuando estas cosas se alinean, es decir, las Escrituras que el Espíritu ha inspirado, la mente del creyente que el Espíritu ha iluminado

---

3. Klaus Bockmuehl, *Listening to the God Who Speaks* (Colorado Springs: Helmers & Howard, 1990).

y el maestro que el Espíritu ha preparado, el ministerio será fructífero. Y el enfoque será inevitablemente el propio Jesús, tal como veremos en nuestro capítulo final, porque el Padre proporcionó el Espíritu para glorificar a su Hijo (Jn 16.14-15).

El Espíritu y el predicador

El Espíritu inspiró a los escritores bíblicos, y éstos se dedicaron a proclamar y escribir. Por tanto, la misma asociación inseparable sucede en la labor de predicación. Dependemos profundamente de la presencia del Espíritu, pero aún se nos ha llamado a dedicar toda nuestra energía a «interpretar rectamente la palabra de verdad» y explicar su significado y mensaje. De hecho, es una lección de humildad cuando recordamos que, si el Espíritu inspiró la Palabra, y el Espíritu ilumina y convence, «nuestro sermón es tan solo el segundo; el primero y el último son del Espíritu Santo, quien primero dio su Palabra y que luego la aviva en los corazones de nuestros oyentes».[4]

La unión entre la Palabra y el Espíritu se puede ver en el llamado y ministerio de Ezequiel, de cuyo ejemplo podemos aprender. El Señor llamó a Ezequiel: «Hijo de hombre, ponte en pie, que voy a hablarte» (Ez 2.1). Entonces, en el siguiente versículo leemos: «Mientras me hablaba, el Espíritu entró en mí, hizo que me pusiera de pie, y pude oír al que me hablaba». Habiendo sido enviado por el Espíritu (v. 3), el Señor llamó a Ezequiel para que proclame su Palabra, ya sea que las personas lo escuchasen o no (v. 7), y luego le entregó a Ezequiel su Palabra: «Entonces miré, y vi que una mano con un rollo escrito se extendía hacia mí» (v. 9). Y en una imagen memorable, el Señor le dijo a Ezequiel: «"Hijo de hombre, cómete este rollo escrito, y luego ve a hablarles a los israelitas". Yo abrí la boca y él hizo que me comiera el rollo» (Ez 3.1-2).

> El predicador sabe muy bien que la Palabra y el Espíritu van de la mano.

Mucho de lo que hemos discutido sobre la tarea de la predicación se expresa aquí: el llamado de Dios mismo a proclamar su Palabra; la presencia del Espíritu, quien nos da poder, nos ayuda a ponernos de pie y nos manda a una misión; los obstáculos inevitables de hablar a quienes

---

4. Chapell, *Christ-Centered Preaching*, 33.

no quieren recibir la Palabra; y el compromiso fundamental de recibir la Palabra como alimento del cielo y apropiándonos de ella. El predicador sabe muy bien que la Palabra y el Espíritu van de la mano.

Al respecto, un colega de Langham, Chris Wright sugirió que hay tres personas en el púlpito cuando se predica la Palabra. Tenemos al predicador, que expone las Escrituras con oración y humildad, luego de haber hecho todo su esfuerzo para entender el pasaje. También tenemos al Espíritu Santo, que ha inspirado las palabras y quiere usar las palabras del predicador para comunicar su mensaje a los corazones, las mentes y las voluntades. Y luego, tenemos al autor original, la persona quien, bajo la inspiración del Espíritu Santo, escribió ese libro de la Biblia. Deberíamos imaginarnos a este autor a nuestro lado o mirando por detrás de nuestros hombros, y preguntarnos si él estaría de acuerdo que lo que estamos diciendo es lo que quiso decir.

El Espíritu y el oyente

Todos los creyentes han de saber depender del Espíritu. El Espíritu abre nuestros corazones y mentes a la verdad del evangelio; renueva nuestra vida a partir de esa Palabra; vive en nosotros, haciendo que el amor de Dios sea real y nos lleve a Cristo. Así que mientras nos reunimos como congregación, el Espíritu está dentro de nosotros y entre nosotros. Todos nosotros debemos buscar su presencia iluminadora mientras escuchamos la predicación de la Palabra. Ya hemos visto el testimonio de Pablo a los tesalonicenses, cuando les llevó el mensaje del evangelio «les llegó no solo con palabras, sino también con poder, es decir, con el Espíritu Santo y con profunda convicción» (1Ts 1.5). Pero en el siguiente versículo, demostró que el Espíritu también estaba trabajando en los oyentes, en los mismos tesalonicenses e hizo posible que recibieran la Palabra: «Ustedes se hicieron imitadores nuestros y del Señor cuando, a pesar de mucho sufrimiento, recibieron el mensaje con la alegría que infunde el Espíritu Santo» (1Ts 1.6).

Entonces, esto es lo que realmente importa cuando nos reunimos los domingos: el Espíritu llevará a cabo su obra para hacernos ver nuestro pecado, para convencernos de la misericordia de Dios, para confirmar dentro de nosotros el amor de Dios, para señalarnos al propio Jesús. Pablo ora para que aumente el entendimiento de los creyentes por medio de la obra del Espíritu. En la oración trinitaria de Efesios 1, fíjate en la importancia de la relación entre la oración, el Espíritu Santo y nuestro entendimiento:

Pido que el Dios de nuestro Señor Jesucristo, el Padre glorioso, les dé el Espíritu de sabiduría y de revelación, para que lo conozcan mejor. Pido también que les sean iluminados los ojos del corazón para que sepan a qué esperanza él los ha llamado, cuál es la riqueza de su gloriosa herencia entre los santos, y cuán incomparable es la grandeza de su poder a favor de los que creemos (vv. 17-19).

¿Anhelamos conocer mejor a Dios? Entonces, es vital no solo para predicadores, sino también para cada creyente comprometido con esa meta suprema, que escuchemos la Palabra de Dios según este modelo de reflexión y oración, y que busquemos la presencia iluminadora del Espíritu y su poder.

Para la reflexión personal y oración en grupo

El capítulo llegó a su conclusión citando Efesios 1.17-19. Haz esta oración, frase por frase, buscando que el Espíritu obre e ilumine tu corazón y mente, y transforme el entendimiento de tu llamado cristiano.

➤ ¿De qué maneras nos sentimos tentados a confiar en nosotros mismos en vez de confiar en el Espíritu Santo?

➤ Cada día, el fundador de Langham, John Stott, oraba a partir de los nueve frutos del Espíritu, que se encuentran en Gálatas 5.22, 23. Dedica tiempo a meditar o discutir lo que cada una de estas cualidades representa en el diario vivir. Tal vez tú también puedas orar esta lista todos los días:

amor – gozo – paz
paciencia – amabilidad – bondad
fidelidad – humildad – dominio propio

Capítulo 11

La predicación bíblica debe proclamar la gracia de Dios en Cristo

Martín Lutero solía describir las Escrituras como la cuna en la que encontraremos al bebé. Su propósito no es llamar la atención a sí misma, sino a la persona de Jesús. Y esta es una conclusión adecuada para un libro sobre la predicación bíblica. Enfatiza la razón por la que en el movimiento Keswick, el cual busca «la renovación espiritual del pueblo de Dios para su misión en el mundo», la Biblia es fundamental. Porque las Escrituras, el Antiguo y Nuevo Testamento, apuntan a Jesucristo. Como hemos visto, cuando se tuvo que defender de sus acusadores en Corinto, Pablo tuvo que explicar sus prioridades en la predicación. En 2 Corintios 4, resaltó que había explicado la Palabra de Dios claramente (v. 2) y había presentado a Cristo fielmente: «No nos predicamos a nosotros mismos, sino a Jesucristo como Señor; nosotros no somos más que servidores de ustedes por causa de Jesús» (v. 5). La predicación que gira en torno a Cristo es la prioridad fundamental.

La historia de Nehemías 8 demuestra cómo la lectura del libro de la ley expuso el pecado del pueblo, así que lloraron, pero también les ofreció la misericordia de Dios, así que se regocijaron. Luego, en Nehemías 9, las personas confesaron su pecado, disfrutaron de la gracia de Dios y renovaron su compromiso con él. La predicación bíblica debe tener como meta lograr el mismo impacto. Debe estar llena de gracia. Y para nosotros ahora, que nos encontramos bajo la luz del Nuevo Testamento, debemos predicar esa misma gracia, debemos predicar a Cristo.

A partir del legado de los puritanos, Jim Packer extrajo algunas lecciones para predicadores. Una de esas lecciones fue la importancia de seguir la dirección que estuviese centrada en Cristo: «Se le ha encargado al predicador declarar todo el consejo de Dios; pero la cruz es el centro de ese consejo, y los puritanos estaban conscientes que aquel que viajara a lo largo del paisaje bíblico correría el riesgo de desviarse del camino tan pronto perdiera de vista la colina del Calvario».[1]

La historia central

Gran parte de este libro se ha centrado en la Biblia, es decir, nuestra convicción sobre su autoridad, nuestra confianza en su poder y nuestra responsabilidad en el manejo de su mensaje. Aquellos que tienen una alta consideración de las Escrituras, a menudo se les acusa de creer en una trinidad distorsionada de Padre, Hijo y Santa Biblia, o se les acusa de «adorar a la Biblia». Pero tales críticos no han entendido la razón por la que los evangélicos prestan tanta atención a las Escrituras como la Palabra de Dios. Alister McGrath explica: «El cristianismo se centra en Cristo, no en un libro; Si parece que se centrara en un libro, es porque por medio de las palabras de las Escrituras el creyente se encuentra con Jesucristo y recibe sustento de él. Las Escrituras son un medio, no un fin en sí mismas; son un canal, y no lo que se canaliza».[2]

Anteriormente, vimos cómo, en el camino a Emaús, Jesús optó por no revelarse directamente a los discípulos, pero a propósito colocó las Escrituras ante ellos, explicando que estas páginas hablaban de él (Lc 24.25-27, 44-49). Por supuesto, entendemos con más facilidad que el Nuevo Testamento habla de Jesucristo; entendemos de inmediato que sus autores se centran en Cristo, ya que las Escrituras «pueden darte la sabiduría necesaria para la salvación mediante la fe en Cristo Jesús» (2Ti 3.14-15). Pero en el camino a Emaús, Jesús les señalaba las Escrituras del Antiguo Testamento. También hablaban de él. Entonces, toda la Biblia cumple esta función: llevarnos a una relación viva con Jesucristo, la Palabra viva. La Biblia es el testimonio del Padre al Hijo, y sabemos que él es el punto focal de todas las Escrituras. Jesús lo dejó en claro muchas veces. Por ejemplo:

> Ustedes estudian con diligencia las Escrituras porque piensan que en ellas hallan la vida eterna. ¡Y son ellas las que dan testimonio en mi favor! (Jn 5.39)

---

1. Packer, *A Quest for Godliness*, 281ss.
2. Citado en Peter Lewis, *The Message of the Living God*, Bible Speaks Today (Downers Grove: IVP, 2000), 19-20.

> Si le creyeran a Moisés, me creerían a mí, porque de mí escribió él. (Jn 5.46)

> Y le entregaron el libro del profeta Isaías. Al desenrollarlo, encontró el lugar donde está escrito: «El Espíritu del Señor está sobre mí, por cuanto me ha ungido para anunciar buenas nuevas a los pobres. Me ha enviado a proclamar libertad a los cautivos y dar vista a los ciegos, a poner en libertad a los oprimidos, a pregonar el año del favor del Señor». Luego enrolló el libro, se lo devolvió al ayudante y se sentó. Todos los que estaban en la sinagoga lo miraban detenidamente, y él comenzó a hablarles: «Hoy se cumple esta Escritura en presencia de ustedes». (Lc 4.17-21)

> Entonces, comenzando por Moisés y por todos los profetas, les explicó lo que se refería a él en todas las Escrituras. (Lc 24.27)

Esto significa que estudiamos y predicamos las Escrituras con el propósito de conocer a Jesús y darlo a conocer.

> Cualquier preocupación con el texto bíblico que no lleve a un compromiso más fuerte con Jesucristo, en fe, amor, adoración y obediencia, se pervierte seriamente. Nos coloca bajo el juicio de Jesús: «Ustedes estudian con diligencia las Escrituras porque piensan que en ellas hallan la vida eterna. ¡Y son ellas las que dan testimonio en mi favor! Sin embargo, ustedes no quieren venir a mí para tener esa vida».[3]

La integridad del predicador y de la predicación

La primera preocupación del predicador consiste en que su propia vida sea transformada, es decir, que nuestra tarea de «orar la Palabra», entender y poner en práctica las Escrituras, nuestra experiencia con el Espíritu, deben hacer que cada vez más nos acerquemos a esa imagen

---

3. J. R. W. Stott, *The Bible: Book for Today* (Nottingham: IVP, 1982), 34.

de Cristo. Nuestra preocupación personal debe consistir en alcanzar la madurez que Pablo nos ha señalado: «Por eso, de la manera que recibieron a Cristo Jesús como Señor, vivan ahora en él, arraigados y edificados en él, confirmados en la fe como se les enseñó, y llenos de gratitud» (Col 2.6-7).

Aquí es donde los predicadores deben comenzar, primero por causa de su propia salud espiritual y crecimiento, pero también para asegurar que su predicación sea íntegra y auténtica. Tal como lo expresa Bryan Chapell:

> Los ministros cuyo enfoque está lleno de la gracia de Dios, reconocen el arrepentimiento diario que las oraciones privadas deben incluir, confiesan a los demás la ayuda divina que les otorga la fuerza para sus resoluciones, obedecen a Dios con amoroso agradecimiento por el perdón y la futura ayuda de Cristo, viven con humildad delante de sus demás compañeros pecadores, expresan la valentía y autoridad de quien confía en la provisión del Salvador, demuestran gozo en la salvación solo por fe, reflejan el amor que reclama sus almas y cumplen su servicio sin pretender algún mérito personal.[4]

Pablo tenía una maravillosa declaración de misión cristocéntrica: «A este Cristo proclamamos, aconsejando y enseñando con toda sabiduría a todos los seres humanos, para presentarlos a todos perfectos en él. Con este fin trabajo y lucho fortalecido por el poder de Cristo que obra en mí» (Col 1.28-29). De manera significativa, en el versículo 25, nos indica que predicar a Cristo significa predicar toda la Palabra, ya que su tarea es «la proclamación de todo su mensaje» (Col 1.25, NTV). Predicar a Cristo no significa hacer que cada versículo artificialmente «hable de Cristo». Es obvio que muchas partes de la Biblia no hablan de Jesús de una manera directa, y no deberíamos tergiversar su mensaje o forzar a Cristo en él. Tenemos que escuchar atentamente lo que cada pasaje nos dice y lo que Dios quiere enseñarnos por medio de él. Sin embargo, toda la Biblia testifica de Cristo, ya sea como una historia que nos conduce hacia él (en el Antiguo Testamento) o como un testimonio directo sobre él (en el Nuevo Testamento).

---

4. Chapell, *Christ-Centered Preaching*, 39.

Cuando nos refiramos a Cristo en todas las Escrituras, debemos ceñirnos a los principios de una exégesis esmerada, la cual ya hemos tratado. Para aquellos que quisieran saber más al respecto, les recomiendo la obra *Christ-Centered Preaching* de Bryan Chapell,[5] que ubica el tema dentro del contexto más amplio de la obra redentora de Dios. Con ello, queremos resaltar lo que vimos en el capítulo 3: que debemos entender un pasaje de la Biblia en su propio contexto, pero también en relación con el resto de la Biblia. No se trata de una agenda estrecha, sino de «toda la voluntad de Dios», como Pablo la llamó en Hechos 20.27, porque toda la Biblia revela el plan y el propósito de Dios que se centra en Cristo. Entonces, una vez más, este es nuestro propósito: «A este Cristo proclamamos, aconsejando y enseñando con toda sabiduría a todos los seres humanos, para presentarlos a todos perfectos en él. Con este fin trabajo y lucho fortalecido por el poder de Cristo que obra en mí» (Col 1.28-29).

Predicar con el propósito de generar cambio

Hemos visto que la Biblia debe ocupar el lugar central porque nos revela sus propósitos, dado que es la Palabra de Dios que posee autoridad. Su mensaje es la base para que lleguemos a ser lo que debemos ser como seres humanos y como la nueva sociedad de Dios. El propósito de las Escrituras no es para informarnos, sino para formarnos, tal como Dios nos moldea por medio de su Palabra y Espíritu, y nos transforma en nuestro verdadero ser. Ese verdadero ser se ciñe a la imagen del propio Cristo. Pablo describe la gloria del ministerio de este nuevo pacto precisamente en estos términos. Refiriéndose a los judíos en 2 Corintios 3, nos describe que un velo cubre sus corazones y no les permite entender: «El velo no les ha sido quitado, porque solo se quita en Cristo» (2Co 3.14). Continua: «Pero, cada vez que alguien se vuelve al Señor, el velo es quitado. Ahora bien, el Señor es el Espíritu; y, donde está el Espíritu del Señor, allí hay libertad. Así, todos nosotros, que con el rostro descubierto reflejamos como en un espejo la gloria del Señor, somos transformados a su semejanza con más y más gloria por la acción del Señor, que es el

---

5. *Ibid.*

Espíritu» (2Co 3.16-18). Gracias al Espíritu, nos volvemos cada vez más parecidos al propio Jesús.

En su último discurso público, John Stott se apropió de este tema. Sucedió en la Convención de Keswick de 2007, y el tema fue una buena elección, porque entre otras cosas representaba el propósito de las Escrituras, el propósito de la predicación y el propósito de Dios para su pueblo por medio de la obra del Padre, el Hijo y el Espíritu: «Quiero compartir con ustedes dónde mi mente ha encontrado reposo ahora que me acerco al final de mi peregrinación en esta tierra y es lo siguiente: Dios quiere que su pueblo sea como Cristo. Ser como Cristo es la voluntad de Dios para su pueblo».[6]

John Stott no solo predicó esto; también lo encarnó. Un antiguo colega suyo escribió una vez que el sermón más memorable de Stott fue sin un púlpito, rodeado de barro, con Stott de pie sobre un pequeño trozo de alfombra, hablando con un puñado de personas en un patio oscuro de la India. Su texto bíblico fue Juan 3.16.

> Las palabras fueron sencillas y claras. El tono fue compasivo y digno. La certeza fue personal y tierna… El sermón sobre la alfombra fue memorable porque fue sobre la vida de John… Porque lo que más me atrae de John es el aroma de su vida, una vida centrada y madura en el amor de Jesucristo, que dio fruto para la gloria de Dios.[7]

Dondequiera que la predicación ocurra en el mundo, en cualquier contexto cultural, por grande o simple que sea, en una catedral o debajo de un árbol, no hay prioridad más grande que esta: toda predicación debe ser bíblica, y una predicación bíblica será cristocéntrica. Así que retornamos donde empezamos. ¿Por qué predicamos la Biblia? Para conducir a las personas a un encuentro con el Dios viviente, y guiarlos a esa suprema fe en su Hijo, nuestro Señor Jesucristo. No puede haber nada más urgente o importante que esto. Pedro anhelaba que, por medio de tal predicación, la gloria fuera para Dios. Y lo expresó perfectamente:

---

6. John Stott, *The Last Word: Reflections on a Lifetime of Preaching* (Milton Keynes: Authentic Media, 2008), 19.

7. Mark Labberton, 'The Sermon on the Carpet', en *John Stott: A Portrait by His Friends*, ed. Chris Wright (Nottingham: IVP, 2011), 187-192.

El que habla, hágalo como quien expresa las palabras mismas de Dios; el que presta algún servicio, hágalo como quien tiene el poder de Dios. Así Dios será en todo alabado por medio de Jesucristo, a quien sea la gloria y el poder por los siglos de los siglos. Amén. (1P 4.11)

Para la reflexión personal y estudio en grupo

Dedica tiempo para analizar la declaración de misión de Pablo en Colosenses 1.28-29, y pregúntate si esto también es tu propósito para el ministerio cristiano.

«A este Cristo proclamamos, aconsejando y enseñando con toda sabiduría a todos los seres humanos, para presentarlos a todos perfectos en él. Con este fin trabajo y lucho fortalecido por el poder de Cristo que obra en mí» (Col 1.28-29)

Apéndice 1

Sugerencias para estudiar y debatir más a fondo

1. Lee Nehemías 8 y 9, toma nota de las respuestas y el impacto de la ley de Dios en el pueblo. Dedica un tiempo para estudiar párrafo por párrafo la extraordinaria oración de Nehemías 9. Trata de resumir cada sección con una oración que capture la actitud de las personas y la respuesta de Dios. Escribe todas las palabras de aliento que encuentres en esta oración y que puedas apropiarlas para tu propia vida.

2. En los siguientes pasajes hay algunas ilustraciones muy potentes sobre la dinámica de la Palabra de Dios. ¿Cómo fortalecen nuestro entendimiento sobre las maneras en que la Palabra opera en nuestras vidas y logra cumplir los propósitos de Dios?

> Salmo 33.4-9
> Salmo 119.11, 89, 105, 130
> Isaías 55.11
> Jeremías 23.29
> Lucas 8.1-15
> Juan 8.32
> Hechos 12.24
> Efesios 6.17
> Colosenses 3.16
> 2 Timoteo 2.9
> Hebreos 4.12, 13
> Santiago 1.18
> 1 Pedro 1.23-25
> 1 Juan 2.14

3. Lee las palabras de aliento de Pablo a Timoteo en los siguientes pasajes, e identifica qué representan cada una de estas instrucciones para Timoteo, y después lo que representan para los predicadores que están sirviendo en tu cultura y tu contexto.

> 1 Timoteo 4.11-16
> 2 Timoteo 3.14-17
> 2 Timoteo 4.1-5

4. Lee Colosenses 1.28-27 y 2 Timoteo 3.16, 17 y escribe un párrafo que resuma los propósitos primordiales de la predicación bíblica. Luego, escribe una serie de consejos prácticos sobre cómo estos propósitos pueden alcanzarse por medio de tu propia predicación, qué necesitas cambiar en tu metodología, estilo y contenido. ¿Qué clase de preparación se necesitará para lograr esto? ¿Que necesitas enfatizar de manera más contundente?

Apéndice 2

Cuadro para entender un pasaje bíblico

A. Entender un pasaje según su contexto		
Género literario	Autor, situación, personajes	Propósito del autor
B. Entender un pasaje en detalle		
Palabras, personajes, repeticiones, enlaces	Divisiones	Tema central
C. Entender un pasaje en relación con toda la Biblia		

Apéndice 3

Cómo trabajar en grupo
sobre un manuscrito
de estudio bíblico

1. Lee el pasaje completo varias veces.

2. Empieza a marcar palabras o frases que se repiten o elementos que sobresalen:
   - Observa personajes (quién), lugares (dónde), tiempo (cuándo) y eventos (qué). Utiliza el mismo color para ideas que se repiten, o advertencias, mandamientos, descripción de personajes, estilos de vida, etc.
   - Trata de definir palabras o frases que no sean claras.

3. Comienza a explorar cómo concuerda todo el pasaje:
   - Busca «reglas de composición»: repetición, contrastes, causa y efecto, o yuxtaposiciones (la colocación de dos eventos o refranes, uno al lado del otro, como si se observaran el uno al otro).
   - Dibuja flechas para conectar temas o ideas.
   - Imagínate a ti mismo escribiendo el pasaje y decide donde dividir los párrafos. ¿Cuál es el hilo de la trama?

4. Separa los temas mayores.
   - Resalta cuáles podrían ser los versículos clave, o versículos que requieren más atención.
   - ¿Cuáles son los temas que te parecen más importantes?

5. ¡Sigue explorando!

- ➤ Anota cualquier otra referencia bíblica que se te ocurra, o cualquier observación general (puedes anotar en los márgenes)
- ➤ Cualquier problema o idea que no entiendas debe también anotarse al margen.
- ➤ Busca y escribe respuestas a las preguntas que surgieron del texto.

6. Resume

- ➤ Trata de anotar el tema central del pasaje: el propósito de la «idea principal».
- ➤ Trata de mostrar cómo todo el pasaje concuerda para comunicar con claridad este propósito.

7. Lleva a la práctica

- ➤ Pasa de tu descubrimiento del significado del texto a preguntas clave de aplicación:
- ➤ ¿Cuáles asuntos en este pasaje pueden ser pertinentes para nuestra vida cristiana o comunidad?
- ➤ ¿Qué he encontrado que me aliente, desafíe o renueve de forma personal?
- ➤ ¿Qué temas pueden usarse en un grupo de oración, alabanza, obediencia, acción…?

Apéndice 4

Del texto al sermón

Pasaje bíblico:

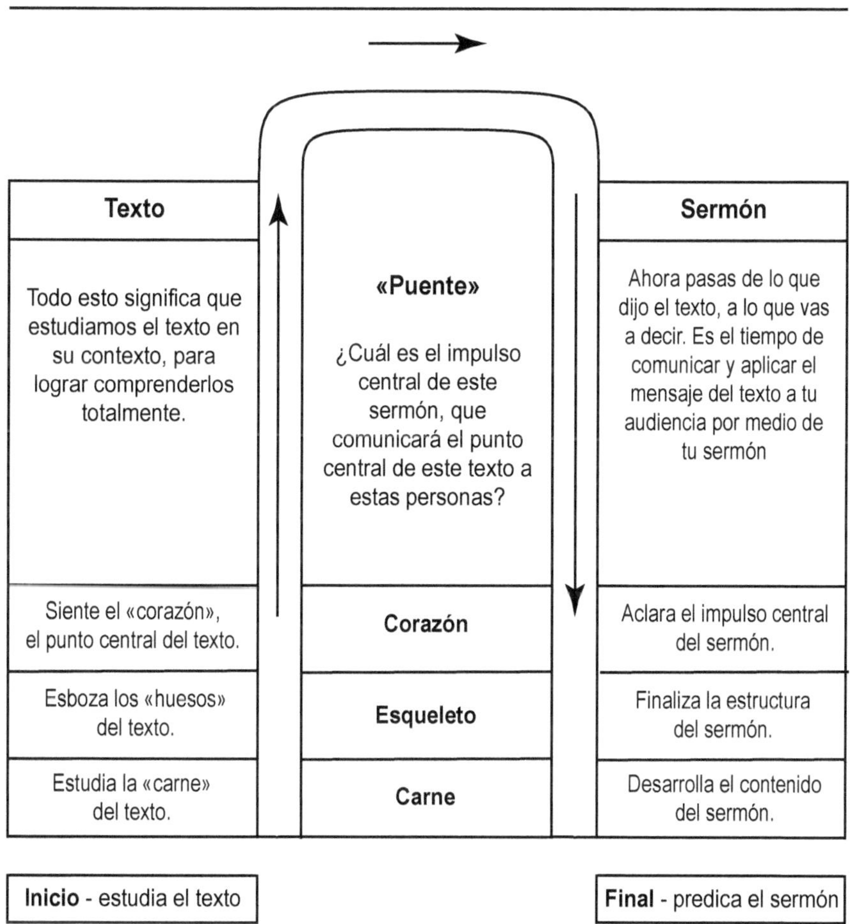

(Adaptado de Ramesh Richard, *Scripture Sculture Method*, usado con permiso)

Apéndice 5

Hoja de trabajo para
el contenido del sermón

Pasaje bíblico: ____

Palpitar del texto: ____

Versículos:	Sección 1	Sección 2	Sección 3
¿Cómo se conecta con el tema central?			
¿Qué debo explicar?			
¿Necesito otras citas bíblicas? ¿Cuáles?			
¿Qué ejemplos podría ofrecer?			
¿Qué aplicación podría incluir?			

Apéndice 6

Cómo dirigir un club de predicación

Alrededor del mundo muchos grupos pequeños se reúnen con frecuencia para hablar sobre su predicación, ya sean miembros de la misma iglesia (como un pastor y su equipo de predicadores, los líderes del ministerio de mujeres, de jóvenes o de células), o predicadores de diferentes iglesias. Este tipo de comunidad es una gran manera de encontrar ánimo a la hora de preparar nuestros sermones e incluso recibir críticas constructivas.

El **propósito** de un club de predicación es:
- reunirse regularmente (tal vez cada mes o una vez cada dos meses) para animarse los unos a los otros en la tarea de predicación;
- para disfrutar tiempos de compañerismo, estudio bíblico y tiempos de oración;
- para compartir noticias sobre lo que cada uno está predicando;
- compartir bosquejos de mensajes y series de predicación, compartir dificultades y desafíos en nuestros ministerios de predicación, aprender los unos de los otros, compartir materiales, libros, etc.;
- quizás para organizar una pequeña biblioteca de comentarios bíblicos y guías de estudio bíblico que puedan beneficiar a todos.

El **contenido** incluye:
- *Debates bíblicos:* se elige un breve pasaje bíblico, y juntos lo analizan, establecen el tema central, trabajan en un posible bosquejo y comparten ideas para predicar el pasaje.
- *Presentación de bosquejos:* Pedir a una o dos personas que presenten sus bosquejos y sus primeras ideas para un sermón que tendrán que dar una semana o más después de la reunión. El grupo analiza el pasaje y el bosquejo.

- ➤ *Tratar temas específicos:* por ejemplo, cómo planificar un programa de predicación para los próximos tres meses; cómo predicar una parábola, epístola, un profeta menor, etc....
- ➤ *Desarrollar un pequeño programa de capacitación local:* usar el grupo de predicadores para abordar temas clave de capacitación para predicadores laicos en nuestras iglesias o comunidades.
- ➤ *Orar juntos* por el ministerio de predicación en nuestras iglesias, nuestra propia vida espiritual, nuestras familias y nuestro ministerio.

Apéndice 7

Guía para evaluar un sermón

A continuación, ofrecemos algunas preguntas para evaluar tu propio sermón. También puedes repartirlo a la congregación y así poder recibir críticas constructivas, no solo para beneficio del predicador, sino como un medio para ayudar a todos a apreciar el contenido y la importancia del mensaje bíblico. Asimismo, servirá de ayuda a los nuevos predicadores para que mejoren su enfoque de preparación.

Fidelidad

1. ¿Fue el sermón claro en expresar el punto principal del pasaje bíblico que se predicó?

2. ¿Se mantuvo el sermón enfocado en el texto bíblico principal y pudo explicar lo que quiso decir el autor original?

3. Si se mencionaron otros textos bíblicos, ¿ayudaron a aclarar el texto principal del sermón o más bien distrajeron y confundieron a los oyentes?

4. ¿Fue el sermón fiel al mensaje general de la fe bíblica? En otras palabras, ¿fue equilibrado y fiel a toda la Escritura, o el predicador hizo un uso indebido del texto para promover un mensaje cerrado o falto de balance y que no se apoya en el resto de la Biblia?

Pertinencia

1. ¿Cómo logró construir el predicador puentes desde el mundo de la Biblia hacia el mundo de hoy?

2. ¿Fueron adecuadas las ilustraciones según el contexto de la iglesia? ¿Fueron útiles para explicar la pertinencia del texto (o, al contrario, inadecuadas e irrelevantes)?

3. ¿De qué maneras podrías haber aplicado el texto si lo habrías tenido que predicar?

Claridad

1. ¿Fue claro el mensaje?

2. Si fue claro, ¿qué métodos utilizó el predicador para que el bosquejo sea claro?

3. Si no fue claro ¿cómo pudo el predicador haberlo aclarado más?

4. ¿Qué hizo el predicador para ayudar a la congregación a que recuerde su mensaje?

Bibliografía

Alexander, Eric J.

    2008   *What Is Biblical Preaching?* Phillipsburg: P & R Publishing.

Ash, Christopher.

    2009   *Listen Up! A Practical Guide to Listening to Sermons.* Epsom: The Good Book Company.

    2009   *The Priority of Preaching.* Fearn, Scotland: Christian Focus.

Bockmuehl, Klaus.

    1990   *Listening to the God Who Speaks.* Colorado Springs: Helmers & Howard.

Carson, D. A.

    1998   *For the Love of God.* Wheaton: Crossway.

Chapell, Bryan.

    2005   *Christ-Centered Preaching: Redeeming the Expository Sermon.* Grand Rapids: Baker Academic.

Clowney, Edmund P.

    1961   *Preaching and Biblical Theology.* Grand Rapids: Eerdmans.

Davies, Dale Ralph.

    2006   *The Word Became Fresh: How to Preach from Old Testament Narrative Texts.* Fearn, Scotland: Christian Focus Publications.

Day, David.

    1998   *A Preaching Workbook.* Londres: SPCK.

    2005   *Embodying the Word.* Londres: SPCK.

    1987   *Jeremiah: Speaking for God in a Time of Crisis.* Nottingham: IVP.

Haslam, Greg, ed.

    2006   *Preach the Word! The Call and Challenge of Preaching Today.* Lancaster: Sovereign World.

Jackman, David.

    2002   *The Practical Preacher*, ed. William Philip. Tain: Christian Focus/Londres: Proclamation Trust Media.

    2007   *Preach the Word*, editado por Philip Ryken, 13. Wheaton: Crossway.

Johnson, Darrell W.

2009   *The Glory of Preaching: Participating in God's Transformation of the World.* Downers Grove: IVP Academic.

Johnston, Graham.

2001   *Preaching to a Postmodern World: A Guide to Reaching Twenty-First Century Listeners.* Grand Rapids: Baker Books.

Kidner, Derek.

1979   *Ezra and Nehemiah, Tyndale Old Testament Commentaries.* Downers Grove: IVP.

Labberton, Mark.

2011   'The Sermon on the Carpet'. En *John Stott: A Portrait by His Friends*, editado por Chris Wright. Nottingham: IVP.

Lamb, Jonathan.

2006   *Integrity: Leading with God Watching.* Nottingham: IVP.

2010   *Integridad: Liderando bajo la Mirada de Dios.* Buenos Aires: Certeza Unida.

2009   'Using the Bible Devotionally for Life'. En *Understanding and Using the Bible*, editado por Christopher J. H. Wright y Jonathan Lamb. Londres: SPCK.

2015   'Usar la Biblia para la vida devocional'. En *La versatilidad de la Biblia*, editado por Christopher J. H. Wright y Jonathan Lamb. Lima: Ediciones Puma.

Lescelius, Robert.

1994   'Spurgeon and Revival'. *Reformation and Revival* 3, no. 2 (Spring).

Lewis, Peter.

2000   *The Message of the Living God*, Bible Speaks Today. Downers Grove: IVP.

Morris, Colin M.

1975   *The Word and the Words.* Nashville: Abingdon Press.

Olyott, Stuart.

2005   *Preaching Pure and Simple.* Gales: Bryntirion Press.

Packer, J. I.

1973   *Knowing God.* Londres: Hodder & Stoughton.

1997   *Hacia el conocimiento de Dios.* Miami: Unilit-Logoi.

1979   *God Has Spoken.* Londres: Hodder & Stoughton.

1990   *A Quest for Godliness: The Puritan Vision of the Christian Life.* Wheaton: Crossway.

1995   *A Passion for Faithfulness: Wisdom from the Book of Nehemiah.* Wheaton: Crossway.

1999   'Why Preach?' En *Honouring the Written Word of God: Collected Shorter Writings of J. I. Packer*, editado por J. I. Packer. Carlisle: Paternoster Press.

Peterson, Eugene H.

2006   *Eat This Book: A Conversation in the Art of Spiritual Reading.* Londres: Hodder & Stoughton, 2006.

2011   *Cómete este libro.* Miami: Editorial Patmos.

1983   *Run with the Horses: The Quest for Life at Its Best.* Downers Grove: IVP.

1992   *Under the Unpredictable Plant: An Exploration in Vocational Holiness.* Grand Rapids: Eerdmans.

Philip, William.

2002   'Concerning Preaching', PT Media, Paper No. 1.

Priestley, J. B.

1977   *English Journey.* Londres: Penguin.

Quicke, Michael.

2003   *360-Degree Preaching.* Grand Rapids: Baker Academic.

Richard, Ramesh.

2001   *Preparing Expository Sermons: A Seven-Step Method for Biblical Preaching.* Grand Rapids: Baker Books.

2002   *La predicación expositiva: siete pasos para la predicación bíblica.* Buenos Aires: FADEAC-FIET.

Robinson, Haddon.

2004   'The Relevance of Expository Preaching'. En *Preaching to a Shifting Culture*, editado por Scott M. Gibson. Grand Rapids: Baker Books.

Ryken, Philip.

2007   *Preach the Word.* Wheaton: Crossway.

Simeon, Charles.

1986   *Evangelical Preaching*, "Introduction" por John Stott. Portland: Multnomah Press.

Stibbs, Alan.

2009   *Understanding, Expounding & Obeying God's Word: The Alan Stibbs Trilogy.* Milton Keynes: Authentic Media.

Stott, J. R. W.

1982   *I Believe in Preaching.* Londres: Hodder & Stoughton.

2000   *La predicación: puente entre dos mundos.* Grand Rapids, Michigan: Libros Desafío.

1982   *The Bible: Book for Today.* Nottingham: IVP.

1996   'Preaching and the preacher'. En *For Such a Time as This: Perspectives on Evangelicalism, Past, Present and Future*, editado por Steve Brady and Harold Rowdon. Londres: Scripture Union-Evangelical Alliance.

2006   'The Paradoxes of Preaching'. En *Preach the Word! The Call and Challenge of Preaching Today*, editado por Greg Haslam. Lancaster: Sovereign World.

2008   *The Last Word: Reflections on a Lifetime of Preaching*. Milton Keynes: Authentic Media.

2005   *Cómo comprender la Biblia*. Segunda edición. Lima: Ediciones Puma-Certeza Unida.

2011   *Understanding the Bible*. Milton Keynes: Scripture Union.

Tenney, Merrill C.

1950   *Galatians: The Charter of Christian Liberty*. Grand Rapids: Eerdmans.

1987   *Gálatas: la carta de la libertad cristiana*. Barcelona: Editorial Clie.

Williamson, H. G. M.

1985   *Ezra, Nehemiah, Word Biblical Commentary*, vol. 16. Waco: Word Books.

Wright, Christopher J. H., y Jonathan Lamb, eds.

2009   *Understanding and Using the Bible*. Londres: SPCK.

2015   *La versatilidad de la Biblia: para estudiar, enseñar y predicar*. Lima: Ediciones Puma.

Sociedad Langham

La Sociedad Langham es una comunidad mundial que trabaja con el ánimo de cumplir la visión que Dios le encomendó a su fundador, John Stott, consistente en:

facilitar el crecimiento de la iglesia en madurez y en semejanza a Cristo elevando los niveles de predicación y enseñanza bíblicas.

Nuestra visión es ver que las iglesias en el mundo mayoritario estén equipadas para la misión y creciendo hacia la madurez en Cristo a través del ministerio de sus pastores y líderes, quienes creen, enseñan y viven por la Palabra de Dios.

Nuestra misión es fortalecer el ministerio de la Palabra de Dios:
- fortaleciendo movimientos nacionales de predicación bíblica;
- favoreciendo la creación y distribución de literatura evangélica; y
- elevando el nivel de la educación teológica evangélica, especialmente en países donde las iglesias carecen de recursos.

Nuestro ministerio

Langham Predicación se asocia con líderes nacionales que estimulan movimientos locales de predicación bíblica para pastores y predicadores laicos en el mundo entero. Con el apoyo de un equipo de capacitadores provenientes de diversos países, se desarrolla un programa de seminarios a diversos niveles que proveen capacitación práctica, al cual le sigue un programa que busca formar facilitadores locales. Los grupos locales de predicación (escuelas de expositores) y las redes nacionales y regionales se encargan de dar continuidad a los programas e impulsar su desarrollo ulterior con el fin de construir un movimiento vigoroso comprometido con la exposición bíblica.

Langham Literatura provee a los pastores, seminarios y académicos del mundo mayoritario libros evangélicos y recursos electrónicos mediante becas, descuentos y mecanismos de distribución. El programa también auspicia la producción de literatura evangélica para pastores en diversos idiomas a través de talleres para escritores y editores, respaldo a la tarea literaria, traducciones, fortalecimiento de casas editoriales evangélicas e inversiones en proyectos regionales de literatura, tales como el *Comentario Bíblico Contemporaneo*.

Langham Becas provee apoyo financiero para estudiantes evangélicos a nivel doctoral provenientes del mundo mayoritario, de tal manera que, una vez que regresen a sus países, puedan capacitar a pastores y otros líderes cristianos brindándoles una sólida formación bíblica y teológica. Éste es un programa que equipa a quienes van a equipar a otros. *Langham Becas* trabaja igualmente con seminarios del mundo mayoritario fortaleciendo su educación teológica. Un número creciente de académicos de *Langham Becas* estudia en programas doctorales de alta calidad en reconocidos centros del mundo mayoritario. Además de formar la siguiente generación de pastores, los graduados de *Langham Becas* ejercen una influencia significativa a través de sus escritos y liderazgos.

Para obtener más información sobre la *Sociedad Langham* y el trabajo que desarrollamos visítenos en www.langham.org.

Serie Recursos Langham Predicación

Cómo predicar desde el Antiguo Testamento
Christopher Wright

El autor de este libro explica las razones por las cuales se debe predicar desde el Antiguo Testamento y muestra al lector el tratamiento que debe dársele a las diversas clases de literatura que allí se encuentran. Su recorrido nos lleva a través de la Historia, la Ley, los Profetas, los Salmos y la Literatura Sapiencial del Antiguo Testamento. Es un manual que ofrece un contenido de alto valor práctico para todo aquel que esté comprometido con una predicación bíblica auténtica. Estimula a los predicadores a no ignorar la Palabra de Dios, expresada en el Antiguo Testamento.

Cómo leer y predicar el Nuevo Testamento
Mark Mcynell

En esta obra, el autor, combina elementos técnicos y prácticos que son necesarios para desarrollarse o superarse como predicador de la Palabra de Dios. El libro aborda el tema de la predicación desde la perspectiva de los géneros literarios que nos ofrece el Nuevo Testamento, es decir, los cuatro evangelios, Hechos de los Apóstoles, las parábolas de Jesús, las epístolas y el libro del Apocalipsis. Es un libro imprescindible para quienes están comprometidos con la predicación bíblica y es un magnífico complemento del libro de Christopher Wright, *Cómo predicar desde el Antiguo Testamento.*